JN106451

バスドライバーのろのろ日記

本日で12連勤、深夜0時まで時間厳守で運転します

須畑寅夫

まえがき──「なんでわざわざ運転手に?」

40代後半でバスドライバーになる前、私は社会科を教える私立高校の教師だった。

こういうと、たいていの人が驚く。ひとつは「40代後半」という年齢に、もうひとつは「高校教師からバスドライバー」という身の振り方に。

なかには「なんでわざわざ先生辞めてまで運転手さんに?」と聞いてきた人もいた。職業についての値踏みみたいなものが透けて見えて、良い気がしないこともあったが、多くの人にとって高校からバス会社への転職というのは意外なもののようだ。

高校教師時代、「専任講師」という立場で年収は450万円ほどだった。バスドライバーへの転職1年目の年収は420万円ほど*だったので待遇としてはさほど変わらない。

年収は420万円ほど 厚生労働省の令和3年度「賃金構造基本統計調査」によると、バスドライバーの年収は平均年齢53歳で404万円ほどとなっている。勤続年数は11・7年、月の労働時間は161時間、「超過労働時間」が1カ月あたり25時間だという。

とはいえ、路線バス運転士の勤務は「4勤1休（4日働いて1日休む）」とか、「5勤2休（5日働いて2日休む）」というようなシフトが一般的で、ここに「増務」と呼ばれる、1日3時間ほどの残業が週3回ほど組み込まれ、これだけだと400万円前後だ。私が就職した東神バス*では、年齢と勤続年数に応じた「基本給」と「増務」にくわえて、月に数回の休日出勤をこなしてなんとか420万円ほどだったので、トータルの労働時間としては高校教師時代よりきつくなったともいえる。

家族を養っていかなければならない立場であったから、収入*を度外視することはできなかったが、それでも私にとってお金はあまり大きな問題ではなかった。なぜなら、私にとって「バスドライバー」は小さなころからの憧れの職業だったからだ。

大学を卒業して就職する際、「大人の判断」で教師をめざしたものの、心のどこかに乗り物の運転士になりたいという気持ちはくすぶり続けていた。どうしてもやりたいという気持ちに突き動かされ、50歳を目前に、心配する妻を説得してまで就いた「憧れの職業」の内実はどうだったのか？　それが本書のテーマであ

私が就職した東神バス
詳しくは後述するが、東神バスは社員数500人の私鉄系バス会社。バスドライバーの年収は会社の大小によって異なり、厚労省の調査では、10〜99人規模のバス会社だと平均年収312万円、100〜999人規模だと398万円、1000人以上の規模だと472万円となる。数あるバス会社の中でも東神バスは比較的条件がいいほうだと思う。

収入
昔は高給取りとされた公営バスのドライバーも、現在では東京都交通局運輸系職員（バス部

る。

　そんな憧れの職業に転じてから、第4章で描く「ある出来事」をきっかけに職場を去るまでの12年間を本書につづった。

　どんな職業でもそうだろうが、仕事が充実して幸せだった時期も、そうではなかった時期もある。悔しくて眠れないほど嫌な体験もしたし、この仕事に就いてよかったと心から思える出来事もあった。路線バス運転士として働いて見えてきたのは、それまで乗客として眺めていたのとはずいぶんと違った光景だった。これから描くのはすべて嘘偽りなく、私が実際に体験した事実*である。

　運転士不足が深刻だという。公益社団法人「日本バス協会」が２０２１年10月に行なった調査によると、８８５社のバス会社のうち、56％の４９３社が「運転手が不足している」と回答したという（２０２３年3月11日、毎日新聞）。本書をお読みいただければ、その原因の一端も見えてくるかもしれない。

　私の体験談を通じて、多くの人たちにバス業界の実態と、そこで働く人々の苦労や喜びを感じてもらえたら嬉しい。


門）の場合、採用時年齢の初任給は21歳で約17万１４００円、29歳で約19万６７００円、35歳で約22万円とさほど優遇されているわけではない（いずれも令和3年度）。

実際に体験した事実 本書に書いたのはすべて私の実体験であるが、人名、会社名は仮名としている。また駅名、バス停名には一部、架空のものを交えた。登場人物の特定を避けるため、年齢、人物像をぼかしたり、脚色をくわえた箇所があることをお断りする。

バスドライバーのろのろ日記◉もくじ

第2章 愉快でアヤシイ乗客たち

第3章 バスドライバーだって人間だもの

装幀◉原田恵都子（ハラダ＋ハラダ）
イラスト◉伊波二郎
図版作成◉二神さやか
本文校正◉円水社
本文組版◉閏月社

第1章

バスドライバー、その哀しき日常

某月某日 **クラクション**：変なやつにからまれて…

バス停にハザードランプ*の点滅した乗用車が停まっていた。ハザードを点けているのだから一時的な停車だと考え、クラクションを鳴らすことでバスの存在をドライバーに伝えようとした。

ふだんバスがクラクションを使用することはほとんどない。最近は、クラクションによるトラブルが増えており、バス停やロータリーの降車場に一般車が停まっていても、クラクションを鳴らさずに対応するのが基本のマニュアルなのだ。

とはいえ、停車されたままではどうすることもできないため、一度軽く鳴らす。反応がない。少し間を置いて、もう一度鳴らす。それでも反応がなく、3回目を鳴らそうとした瞬間だった。

金髪の若い男が鬼の形相でケータイを片手にクルマから降りてきた。私は運転席の窓を開ける。

ハザードランプ
ウインカーと兼用で使われる、クルマの前後左右に設置されているランプ。正式名称は「非常点滅表示灯」。道路交通法施行令では、「夜間、幅が5・5メートル以上の道路に停車、駐車するとき」と「通園・通学バスが停車して幼児や小学生が乗降しているとき」に点滅が義務付けられている。進路を譲ってくれた後続車に対して「ありが

「わかってるわ！　電話中なんだよ！　何度も何度もクラクション鳴らしやがって。てめえ殺すぞ！」

男はそう叫んだ。

叫び終えると手に持ったケータイを再び耳に当て、

「おおっ、ごめんな。変なやつにからまれちゃってな」

と電話相手と通話を続けている。この状況で電話をし続けるのもすごいが、

「変なやつにからまれちゃってな」というのはこっちのセリフだよ。

「すみません。バスが停められないので、動かしていただけないでしょうか」

私は低姿勢を保った。

そもそも一般ドライバーの中には、道路をバス停が占有したり、法定速度を守って走る路線バスを憎々しく思っている人*がいる。だから、一般ドライバーには謙虚な姿勢で対応するのが大切なのだ。

「申し訳ございません。よろしくお願いします」と、再度私は若い男にそう言う。

「しつこいんだよ、おまえ」とこちらに捨てゼリフを吐いたあと、すぐに「ごめんな、あとでかけ直すわ」と電話相手に向かって謝罪してから、男はクルマを移

とう」の意を伝える「サンキューハザード」は、ドライバー間で自然発生的に広まった行為であり、法的義務は一切ない。

路線バスを憎々しく思っている人
法定速度を守っていると、車間距離をギリギリまで詰めてバスの後ろにピタッとつけたり、わざとエンジンをふかしてきたりする人が結構いる。しばらく後ろにピッタリつけて走っていたかと思うと、追い抜き際に窓を開けて「おせーんだよ！」と怒鳴られたこともある。

動させた。

営業所*に戻った私は、この話を在籍20年のベテランドライバーの有山さんにした。

「よかったね。その程度で済んで」有山さんが意味ありげにそう言う。

「有山さんもこういう経験があるんですか？」

「私のはもっとひどいよ」

有山さんはそう口火を切ると、数年前の体験を語ってくれた。

有山さんがいつもどおり運行していると、バス停に堂々と白いライトバンが停められていた。運転席に人が乗っているのが見えたので、私と同じように「どかしてください」という意味で軽くクラクションを鳴らした。

すると、ライトバンから、いかにも〝その筋〟の男が降り、バスの運転席まで小走りで来た。事情を説明しようと有山さんが窓を開けると、いきなり男は有山さんの胸ぐらをつかみ、「てめえ、何してんだ！」と怒鳴った。

さらには、胸ぐらをつかむ手に力を込めて、窓から有山さんを引きずり下ろそ

営業所
私の所属する営業所には150台ほどのバスが駐車でき、毎朝営業所から出発して各路線の運行に向かい、夜になって運行が終わると営業所に帰ってくる。営業所には大型の洗車機が用意され、建物の中には運転士の仮眠室や休憩室も完備。昨今は、バス運転士になりたい人を対象とした「バス営業所見学ツアー」が開催されることも。

うとする。怒鳴ったり、罵声を浴びせたりする人間はときたまいるが、いきなり胸ぐらをつかむなどふつうの人がすることではない。

有山さんはひたすら謝り、なんとか相手の怒りを収めたそうだ。

「だからね、須畑さんは『殺すぞ』程度で済んでよかったんだよ」

理科の教師でもやっていそうな、銀縁メガネで線の細い有山さんは、なぜか勝ち誇ったようにそう言って笑った。

では、バス停にクルマが停まっていたり、クルマに進路を塞がれていたりしたとき、どうするのが正解なのか。

会社のマニュアルによると、パーキングブレーキ*をかけてシートベルトを外し、前扉を開けて停車している一般車両のところまで行き、ドライバーに「バスを停められない（通行できない）ので少し動かしていただけませんか」とお願いする、とある。

たしかにここまで丁寧にやれば間違いないと思うが、クルマを移動してもらうためにわざわざバスを降りていく運転士はいないだろう。

パーキングブレーキ
バスが駐車する際、「プシュー」という空気が抜ける音がする。これはパーキングブレーキを作動させたときの音。旧型の路線バスは一般的な乗用車と同じで、ワイヤーでタイヤにブレーキをかけるサイドブレーキを採用している。これは「プシュー」と鳴らない。一方、昨今のバスは、ドラムに溜めている圧縮空気を解放することでブレーキを作動させ、タイヤを止めているのだ。

たいていは、窓を開けて、停車中のクルマのドライバーに届くように大きな声で、「クルマを移動してください」と声がけする。

知り合いの運転士の中には、わざとバスのエンジンを吹かしてドライバーにプレッシャーをかけるという人もいる。この手法は相手に伝わればいいが、やりすぎるとトラブルになりかねない。

バス停に停車しているクルマに人が不在の場合もある。

まず車両の前か後ろにバスを停車させる。バスには車外マイクと車内マイクがついているので、バス停で待っている人には車外マイクで移動をお願いし、降車する人には車内マイクで案内する。どちらにせよ、バス停からズレた場所での乗降扱い*になるため、前後左右の安全確認が必須である。

このように、バス停に一般車が停まっていると、利用者を危険にさらすことになりかねない。

一般車のドライバーの方々、バス停にクルマを停めないでください。そして、どうかクラクションを鳴らされた程度で怒らないでください。

バス停からズレた場所での乗降扱い
片側が2車線以上ある道路では、停車しているクルマの横にハザードランプを点けて停車し、安全を確認してから乗降を行なう場合もある。そんなときに限って、料金支払いに手間取る乗客がいて、後続車にクラクションを鳴らされたりする。道路交通法では、バス停から10メートル以内の場所では一般車両の駐停車が禁止されている。ご注意ください。

某月某日　敬老パス：車内は年寄りだらけ

私が路線バスを運転している地域は、お昼時でもかなり混雑する。

住宅街を走る路線バスの多くは、朝や夕方の時間帯は通勤・通学の人で混雑するが、お昼時は空いているのが一般的だ。ではなぜ、この地域はお昼時でも混雑するのか？

それは、この地域には、路線バスに何度でも乗車できる「敬老パス（敬老特別乗車証）*」を持っている人＝高齢者が多いからである。

敬老パスは、高齢者福祉サービスの一環として自治体が補助金を出して発行している。だから、申請すれば格安で購入できる。

敬老パスを手にしたお年寄りたちは、お昼時に、買い物や病院や公共施設などに行くために、さらには家にいても暇だからという理由で路線バスに乗ってくる。

お客同士にも顔見知りがいて、「昨日今日と梅沢さんの顔を見ないねえ」などと

敬老パス（敬老特別乗車証）
たとえば横浜市では、市内に住む70歳以上の希望する人が、所得金額に応じて、年額３２００円〜２万５００円で交付を受けられる（障害者は無料）。これで、市営バスや民間のバス、市営地下鉄は乗り放題。２０２２年10月からは紙製の敬老パスは廃止され、ＩＣカードに変更された。こ

ほのぼのした会話が展開されることも少なくない。

ある日の穏やかな昼下がり、始発である桜木町のバス停*で乗車手続きをしていたところ、お客たちが次から次へと敬老パスを提示して乗車してきた。その数、じつに40名。なんと乗客全員が敬老パスの利用者であった。

私はみなさんが座席に腰を下ろしたのを確認し、ゆっくりとバスを発車させる。朝や夕方のラッシュアワーにくらべて、お昼時は運転士の私もリラックスして運転できる。会社や学校に遅刻したらいけないとイライラしている乗客がいないからだ。

お年寄りの乗降に時間がかかり、定刻よりやや遅れたものの、順調に運行していた。

すると、200メートルほど続く直線道路の途中で、歩道にいるおばあさんが杖を振って、こちらに合図を送るのが見えた。この先50メートルほどのところにバス停がある。おばあさんはバス停に向かう途中で、バスを見つけ、合図を送ってきたのだ。だが、当然こんなところで停車することはできない。おばあさんを

れにより、利用実績を正確に把握するのだという。どれほどの高齢者がバスを利用しているかが浮き彫りになるだろう。

始発である桜木町のバス停　ここはいくつかのバス会社のバスが乗り入れており、ラッシュ時には3分刻みでバスが出ていく。前のバスが出発に時間を要していると、それにより自分のバスの運行時間に遅れが生じてしまうことも。

追い越してバス停に停車した。

私は、バス停の近くでバスに乗ろうと急いでいるお客の姿が見えたら、できるだけ待つようにしている。だが、50メートルは微妙な距離だった。しかも今日は定刻よりも少し遅れている。これ以上遅れるわけにはいかない*という思いもあり、おばあさんには申し訳ないがスルーさせてもらおうと、ドアを閉めたときだった。

「ねえ、運転手さん、さっきの人を待ってあげて。私の友だちの春ちゃんなの」

乗客の一人に背後からそう声をかけられた。

こうなるともう待つしかない。

いったん閉じた扉を再び開けて、春ちゃんを待つ。

こういったとき、たいていの人はバスを待たせるのは悪いと走ってきてくれる。だが、なかにはバスが待っていてくれるとわかった途端、走るのをやめてゆっくり歩いてくる人もいる。

春ちゃんは杖をつきながら、焦るふうでもなく、ずっと一定のペースで歩いてくる。こちらも気が気ではなく、何度も振り返ってその姿を確認するものの、ゆっくりした歩みは変わらない。タクシーじゃないんだから勘弁してくださいよ。

これ以上遅れるわけにはいかない
のちに詳述するが、路線バスにおける「定刻」とは、「その時間より早くには出発しない」ことを意味する。だから、数分遅れることはしばしばあるが、いくらでも遅れていいわけではない。乗客の中には急いでいる人もいるし、次のバス停で待っている人もいるからである。

優雅に歩いてきた*春ちゃんは「すみません」の一言もなく、敬老パスを見せながら乗り込むと、友人のおばあさんの隣に座った。すでに発車時刻を5分すぎている。私は腑に落ちない思いを抱えながらも、バスを発車させた。

春ちゃんは、隣のおばあさんに「昨日、歌舞伎座で海老蔵（当時）の歌舞伎見てさあ」などと話してご満悦である。

降車ブザーがピンポーンと鳴り、次の停留所に停車した。座席を立ち上がったのは、春ちゃんと友だちのおばあさんだった。

春ちゃんが乗車した停留所からこの停留所までは200メートルほどの距離しかない。この距離をバスで移動するために、春ちゃんはバスを待たせたあげく、一言のお礼も謝罪もなく、お友だちと和気藹々（わきあいあい）と降車していった。

この停留所は有名な美術館前にある。これから優雅に美術鑑賞をするのであろう。きっとシニア割引で。

春ちゃんは、敬老パスで乗車し、1つ先の停留所で降車したにすぎない。これは当然の権利であり、春ちゃんは大切なお客さまである。だけど、どうにも腑に落ちない思いがしてしまうのはなぜなのだろう。

優雅に歩いてきた
同僚運転士は、バスを待たせてゆっくりと歩いてきた若い女性客に、車外マイクで「発車しますよ。お急ぎください」と言った。するとその女性は、お客さまセンターに電話し、「運転士に急がされた」とクレームを入れたという。同僚運転士は助役から厳重注意を受けることになった。

某月某日 単調な毎日：バスドライバーの日常

私が所属する「東神バス株式会社」は神奈川県に本社を置く私鉄系バス会社で、社員数は５００名を超える。神奈川県内に複数の営業所を持ち、私はその中でもっとも大きな横浜営業所に所属している。横浜営業所全体では１５０名の職員がいて、うちバスドライバーは１３０名、そのほかは事務職員や整備士である。

東神バスの親会社は、鉄道事業やホテルチェーンの経営、不動産事業も行なう「東神グループ」で、グループ全体では1万人もの社員を抱える大企業だ。

横浜営業所内の組織図を紹介しておこう。営業所のトップは「所長」で、それを補佐するのが「副所長」、その下に「助役」が数名置かれている。ここまでが管理職だ。

１３０名いるドライバーは12～13名で１つの班を構成し、横浜営業所内には10

の班が存在する。これをまとめるのが「班長」「副班長」である。「班長」「副班長」は、勤続年数が2年を超え、登用試験（面接）に合格すればなることができる。班長になると、貸切バスの運転や、高速バスの運転が可能になる。

ドライバーたちは50代がもっとも多くて、約4割を占める。次いで40代が3割、30代が2割、20代の若手は1割弱しかいない。全国のバスドライバーの平均年齢*は53歳だというが、横浜営業所もご多分にもれず、高齢化が進んでいる。また、ドライバーの中に女性は3人ほどしかいないから、圧倒的な〝男社会〟*でもある。

詳しくは後述するが、私は47歳で東神バスに入社して、49歳のとき「副班長」に、51歳で「班長」になった。

給料面にも触れておこう。私の月収は手取りで約30万円。ここに夏と冬のボーナスで月給の4カ月分がつく。さらに交通費として自宅から10キロのバイク通勤で5000円と、「班長」なので班長手当*1万5000円がつく。合算すると、年収は550万円ほどになる。

午前番（午前を中心に働くシフト）の朝は早い。

全国のバスドライバーの平均年齢
厚生労働省の令和3年度「賃金構造基本統計調査」より。同調査によると、全産業での平均年齢は43・4歳。ちなみにタクシードライバーの平均年齢は60・7歳。

圧倒的な〝男社会〟
私が東神バスに就職した当時、女性の路線バス運転士はほとんど見られなかった。その後は徐々に増えて、もっとも多いときには横浜営業所の女性運転士は9名だった。全国平均では、2020年時点で女性運転士の割合は1・8％。着実に増えてはいるが、バス業界はまだまだ男性社会という

５時30分までに営業所に出社するため、家を出るのは４時50分、起床するのは４時半前だ。冬などはまだ真っ暗の中、家族を起こさぬように静かに布団を抜け出し、朝食がわりのバナナを頬張る。冬のかじかむ寒さの中、バイクで営業所に向かう。この時間は道路もガラガラだ。

規定の出社時間の10分前に営業所に到着。まずは飲酒チェッカー（体内にアルコール分が残っていないか検査する測定器）に息を吹き込み、制服に着替えようとロッカールームに行くと、同僚の高塚さんと鉢合わせる。

「高塚さん、このところずっと出てるでしょ？」

「ええ、出ずっぱりで、今日で12連勤ですよ」

連続で乗務できる日数は12日と法律で決まっている。高塚さんはその上限いっぱいの勤務日数になったということだ。ちなみに私はこの日で９連勤。

「でもね……」そう言いながら、高塚さんは相好（そうごう）を崩した。「今日は契約輸送*なんで気楽ですよ」

「いいねえ～。それじゃあ、ラスト一日、頑張って」

「はい、お互いに。須畑さんもお気をつけて」

のが現状だ。

班長手当
副班長だと1カ月900０円の手当がつく。副班長の任期は1年、班長の任期は2年で、何事もなければ、面接を受けて、任期が更新されることになる。不祥事を起こすと、その時点で降格させられるのであった。

契約輸送
企業と東神バスとのあいだで契約され、朝夕の通勤時間帯に特定の企業社員だけを輸送する業務。駅と企業間を往復するわけだが、途中バス停もなく、運賃収受もないため、業務としては楽である。年間契約が結ばれ、東神バス率もよいため、東神バスでは路線バス事業の赤字を「契約輸送」で補うかたちになっていた。

東神バスでは、仕業（しぎょう）（その日に勤務する路線）によって乗車するバスが異なる。バスの車番にあった金庫、鍵、バス用メモリーカード、運行状況を記録するチャート紙（円板状の記録紙）を持参し、乗務するバスに金庫やカードをセットして点検する。*

出庫時間である5時52分の5分前までには事務所で始業の点呼を受けなければならない。

「131仕業、始業点呼をお願いします」と助役に告げ、

「健康状態、心身ともに異常ありません。昨夜の飲酒はありません。車両状況、異常ありません。服装を整正（せいせい）しました」

と宣言する。不思議と自分とバスが一体化していくような気持ちがしてくる。

車内名刺（乗客に掲示する名刺）と社員証と運転免許証の3点、両替金を入れるバッグと中身を助役に見せ、最後に行き先、時間のズレがないか腕時計を確認する。これで点呼は完了だ。

バスを出庫させ、スターフ*と呼ばれる運行指示書にしたがって運行を続けていく。今日は横浜駅西口へ向けてバスを走らせる。

点検する
ライトの点灯、扉の開閉、エンジンオイルの残量など、ひと通りチェックを終えると出庫の準備が整う。

スターフ
ここに、その日乗務する路線や出庫時間などが細かく記載されている。路線や曜日ごとに異なるダイヤが一目でわかるように図式化されており、運行中に随時チェックするため、運転席の目の前に設置する。

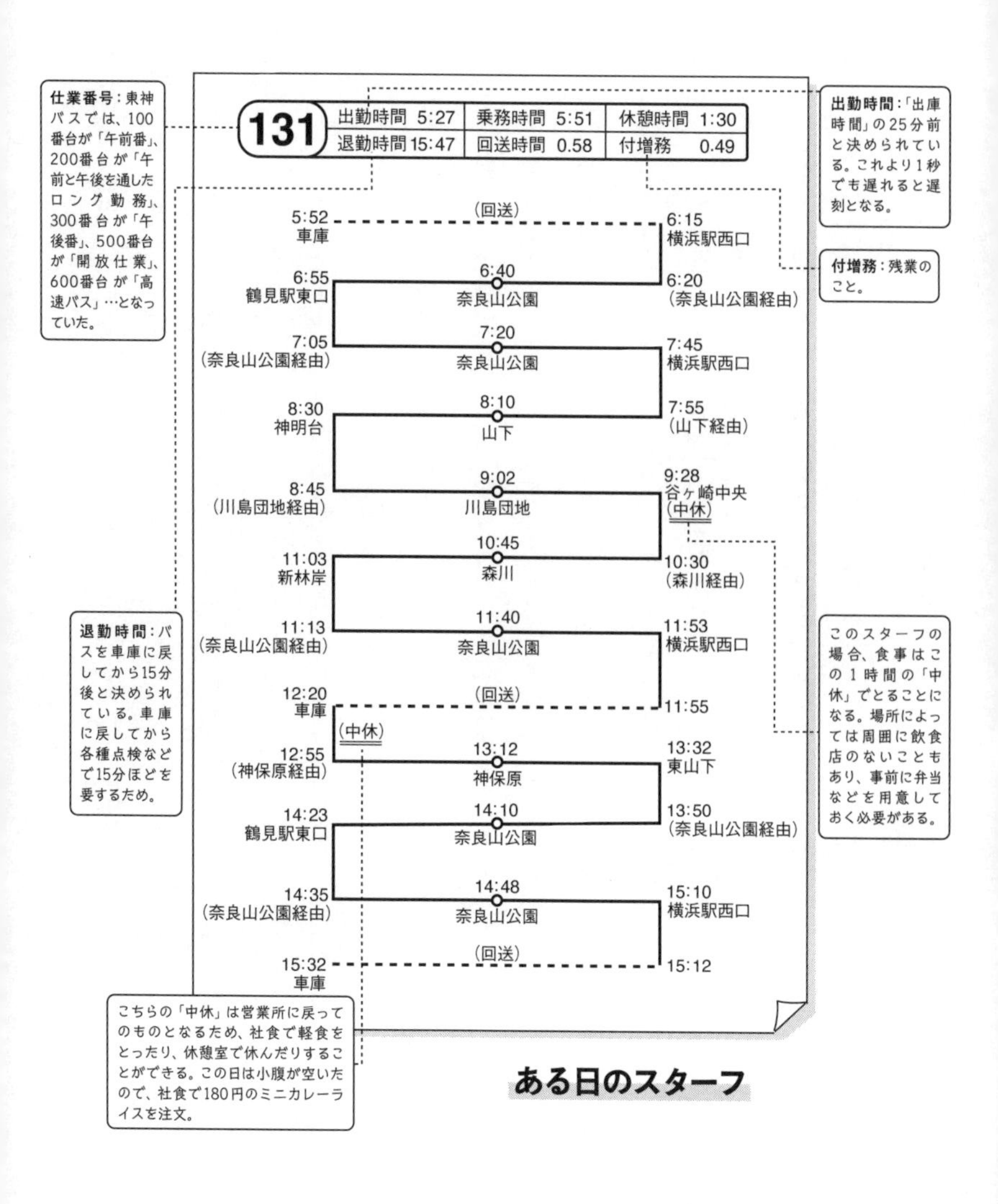

仕業番号：東神バスでは、100番台が「午前番」、200番台が「午前と午後を通したロング勤務」、300番台が「午後番」、500番台が「開放仕業」、600番台が「高速バス」…となっていた。
131
出勤時間 5:27
乗務時間 5:51
休憩時間 1:30
退勤時間 15:47
回送時間 0.58
付増務 0.49
出勤時間：「出庫時間」の25分前と決められている。これより1秒でも遅れると遅刻となる。
付増務：残業のこと。
5:52 車庫
（回送）
6:15 横浜駅西口
6:20（奈良山公園経由）
6:40 奈良山公園
6:55 鶴見駅東口
7:05（奈良山公園経由）
7:20 奈良山公園
7:45 横浜駅西口
7:55（山下経由）
8:10 山下
8:30 神明台
8:45（川島団地経由）
9:02 川島団地
9:28 谷ヶ崎中央（中休）
10:30（森川経由）
10:45 森川
11:03 新林岸
11:13（奈良山公園経由）
11:40 奈良山公園
11:53 横浜駅西口
11:55
（回送）
12:20 車庫
（中休）
12:55（神保原経由）
13:12 神保原
13:32 東山下
13:50（奈良山公園経由）
14:10 奈良山公園
14:23 鶴見駅東口
14:35（奈良山公園経由）
14:48 奈良山公園
15:10 横浜駅西口
15:12
（回送）
15:32 車庫
このスターフの場合、食事はこの1時間の「中休」でとることになる。場所によっては周囲に飲食店のないこともあり、事前に弁当などを用意しておく必要がある。
退勤時間：バスを車庫に戻してから15分後と決められている。車庫に戻してから各種点検などで15分ほどを要するため。
こちらの「中休」は営業所に戻ってのものとなるため、社食で軽食をとったり、休憩室で休んだりすることができる。この日は小腹が空いたので、社食で180円のミニカレーライスを注文。

ある日のスターフ

6：10、横浜駅西口に到着。予定どおり、6：20に横浜駅西口を出発し、順調に運行していく。

9：30、予定より2分遅れで谷ケ崎中央に到着して、中休(ちゅうきゅう)と呼ばれる1時間の休憩。ここには運転士が休憩できるプレハブ小屋があり、そこで昨晩、近所のスーパーのタイムセールで「20％引き・400円」で買った幕の内弁当を食べる。冷たいままだが、朝から空腹なので体に染みわたるように美味い。

10：30、中休が終わり、再び運行を始める。

午後3時半すぎには営業所に戻ってくる。バスに給油、この日は汚れが目立っていたので洗車機に通して、バスを所定の位置に停める。チャート紙*にこの日一日の全走行距離などの必要事項を記入し、メモリーカード（ICカードで運賃を支払った人の記録）と金庫を解錠、車内に忘れ物やゴミがないか車内点検、バスの車体に傷などがないか車外点検をして事務所に戻る。

事務所に戻ると、花輪助役が近づいてくる。

「お疲れさま。須畑さん、来週の水曜、『特発(とくはつ)』入(はい)れる？」

「ええ、大丈夫です」

チャート紙
バスにはタコグラフと呼ばれる運行記録計が設置されている。タコグラフにはチャート紙と呼ばれる円形の紙がセットでき、走行中の「速度」「距離」「時間」がチャート紙に記録される仕組みになっている。チャート紙を見れば、1日の運転状況が一目でわかる。現在はデジタル化が進み、デジタルタコグラフを利用している会社もある。

「特発」とは貸切バスの運転のことで、花輪助役は、来週の水曜日が休みの私に「休日出勤」が可能かどうか確認してきたのだ。前述のとおり、手取りの月収は30万円ほどだが、基本給だけだと20万円ちょっとにすぎない。「特発」には手当がつき、また休日出勤をすることで割増しされ、月に４～5回こなすことで10万円近く稼ぐことができる。年収５５０万円はこうした業務も含んでのものだ。だから、特別な予定でも入っていないかぎり、私が休日出勤の依頼を断ることはない。

15：47、午前番の勤務*が終わる。

15：50、バイクのエンジンをかけて、営業所をあとにする。午前番は朝の早さがつらいものの、明るいうちに帰れる高揚感がある。今日は駅ビル内の書店に寄って、新刊を2、3冊見つくろってみることにしよう。ギャンブルも酒もタバコもやらない私の数少ない楽しみが読書なのである。

午前番の勤務
午後番だと、午後1時か2時ごろに出勤し、退勤時間は午後10時から12時くらいになる。仕事の流れ自体は午前番と変わらない。

某月某日　**社内派閥**：面倒すぎる人間関係

話は、私が入社して1年目、２００９年の正月にさかのぼる。東神バスに入社して数カ月が経ち迎えた初めての正月である。

正月もバスの運行は行なわれる。けれど、正月は有給休暇を取る人が多い*ので、会社はその防止対策として大晦日と正月三が日の4日間は、1日につき４０００円の手当をつけている。とくに用事のない私にとってはありがたい。

元日は休日ダイヤで、私は朝11時からの勤務だった。10時に出社して、会社の食堂で食事をしていた。

すると、神谷が食堂にいた若手運転士に向かって「おい、おまえたち、〝親分〟にあいさつしたか？」と言っている。

若手の一人は「はい。さきほどしました」と言ったが、もう一人の若手、20代の玉田君は「まだしてません」と答える。

＊正月は有給休暇を取る人が多い
基本的に正月休みやお盆休みなどがないため、その時期に休みたい場合は有給休暇を使って調整しなければならない。その分、正月やお盆には有給休暇の取得者が集中することになる。

すると神谷は、彼がたいへんな間違いでもしたかのように、「何やってんだよ。早くあいさつに行ってこいよ！」と言う。私は、神谷が何を言っているのか、よくわからなかった。

神谷に怒鳴られた玉田君は焦って休憩室*のほうに向かった。

不思議に思った私は、少しだけ距離をとって玉田君のあとについていった。玉田君は休憩室の畳部屋に入った。私は部屋の入口から中をのぞいた。部屋の真ん中には、清原が座布団を二枚重ねし、その上にあぐらをかいて座っている。

玉田君は、清原の前に座布団もなく正座すると、「本年もよろしくお願いいたします」と言って、深く頭を下げた。清原は「おうっ」とだけ言った。

運転士本人の意思であいさつをするのならまだしも、中堅運転士の神谷が若手運転士に向かって、清原へのあいさつを強要しているのだ。

その後も食堂内で神谷は若手運転士たちを見つけると、「あいさつしたか？」「キミはまだなのか？」などと次々に声をかけている。あいさつを済ませていない若手を見つけると、「ほら早く行ってこいよ」と急かす。

大の大人たちが畳部屋を陣取って、やくざの真似事のような新年のあいさつを

休憩室
休憩室は、テレビを観たり、横になって休んだりするくつろぎの場であると同時に、運転士同士の交流の場でもある。私はここで本を読んだりしていたが、声の大きい同僚が話していて集中できないことがよくあった。営業所には、休憩室とは別に仮眠室もあり、昼寝をしたいときはこちらを使う。東神バスの仮眠室はカプセルホテルのようにベッドが並んでいた。たまにいびきのうるさい同僚がいて安眠できないことも。

している。その姿はバカバカしく滑稽で、私はずいぶんとおかしな世界に入ってしまったものだと思ったのだった。

この清原、営業所で「番長的存在」として振る舞っていた。年のころは50歳前後なので、私より少しだけ年上だろう。小太りで頭がハゲていて、身長165センチくらいの冴えない男。にもかかわらず、態度は営業所一大きい。

清原にへつらうのが神谷で、彼は35歳、180センチを超える大柄なスキンヘッド男だ。迫力のある容姿とは対照的に、黒目がいつもキョロキョロと動いているため、どうにも自信のなさそうな表情に見える。その顔つきが清原の子分感を演出してもいる。

番長・清原が営業所で大きな顔ができているのには、彼自身の押しの強さにくわえて、もう一つ理由があった。彼は東神バスの労働組合*の役員を務めていたのだ。横浜営業所では、運転士の7割ほどがこの組合に属していた。

清原と神谷は労働組合での人脈をもとに営業所内で〝派閥〟を構築していた。営業所内のドライバーの3分の2ほどが派閥の息のかかった人間で、頻繁に飲み

労働組合
東神バスの労働組合はいわゆる〝強硬派〟で、しばしば会社（経営）側と対立していた。組合員たちは休憩所でもよく会社

の悪口を言い合っていて、私はその雰囲気になじめなかったのと、組合費が月額5000円と高額だったこともあり、組合には加入しなかった。

会などを開催し、清原一派はわがもの顔で振る舞っていた。

入社時、年齢のいった新人だった私は、営業所内での人間関係には気をつかっていた。人間関係が良好なら、どんな職場でもそれなりに楽しくやれる。それまでの人生経験でそう感じていたから、入社早々は悪意を持たれることのないよう、年齢を問わず、誰にでも丁寧にあいさつすることを心がけた。

ところが、この清原だけはこちらがあいさつをしてもまったく無視するのだった。

入社してから2カ月くらいは、営業所で清原とすれ違うたびに「おはようございます」「お疲れさまです」などとあいさつをしていた。けれど、清原はそんな私に目をくれることもない。その態度はまるで私の存在が目に入っていないかのようだった。一瞥（いちべつ）もしない人に対して、一方的にあいさつをし続けるのもむなしい。人間関係がこじれるのは嫌だったものの、しばらくしてから、私のほうでも清原にあいさつをするのをやめるようになった。どうやら、そのことが清原の癇（かん）に障（さわ）ったようなのだ。

「新人」とはいえすでに40代後半だったこともあってか、その正月、神谷から清原への新年のあいさつを強要されることはなかった。

だが、清原から疎まれつつあった私はのちのち営業所内での面倒くさい人間関係に巻き込まれていくことになるのだった。

某月某日 「はーい」：不思議なセッション

陽気のいい昼下がり、始発の海老名駅のバス停で待っていたのは、上品そうな白髪の初老の女性一人だけだった。女性は、真ん中あたりの座席に座る。

発車時刻になったので扉を閉め、マイクでいつもどおり「発車します」とアナウンスしたところ、女性は「はーい」と返事をした。

「ん？」と思いつつも、その後、いつもどおりに「この先、右に曲がります。ご注意ください」とアナウンスした。女性はまた「はーい」と返事をする。大声ではないが、私のところまでは確実に届く程度の大きさである。

女性は、お客は自分しかいないため、アナウンスが自分に向けられたものだと思っているのだろう。だから、返事をしないと悪いと思ってくれたのかもしれない。

運転士は、たとえお客が満員だろうがひとりきりだろうが*、同じように注意喚起や接遇をする。返事を求めているわけではないが、その女性の人柄が感じられる返答に、悪い気はしない。

「停車します」「はーい」

「発車します」「はーい」

私が何か話すたびに必ず返事をしてくれる。私はこの珍妙なやりとりが、なんだか面白くなってきた。調子に乗って、ふだんは言わないことまで〝サービス〟してしまう。

「このさき揺れますのでご注意ください」「はーい」

バスという閉ざされた空間での不思議なセッションが続いた。

始発のバス停から３つ目のバス停に着いたとき、ガラガラの車内に初老の男性が乗車してきた。２人目の乗客だ。

バスが動き出す前に「発車します」とアナウンスした。もちろん彼女が返事を

満員だろうがひとりきりだろうが
東神バスでは、乗客が一人もいなくても注意喚起などのアナウンスを行なうように指導されていた。同僚の中には、乗客がいないと思ってアナウンスをせず、助役に注意された運転士がいる。車内の映像と音声はきっちりドライブレコーダーに記録されているのだ。

してくれることを期待して、である。

「……」

それまであれだけ私に返事をしてくれた女性が突然、黙り込んでしまった。一対一で育んできた絶妙な関係性は、一対二になった瞬間、脆(もろ)くも崩れ去ってしまったのである。

せっかく楽しかったのに！

またのご乗車*、お待ちしております。

某月某日 舌打ち：不思議と耳に入ってくる

平日の朝、通勤や通学のお客が多く乗車すると、バス停ごとの停車時間が長くなる。この時間帯はクルマの数も多くなり、駅に近づくにつれて渋滞が発生してくる。都市部の朝は、どこもこんな感じでバス運行に遅れをきたす。

国道16号線とバイパス*が交差する交差点に差しかかり、信号が青色から黄色に

またのご乗車 じつはこの女性はこの数日後にも再びご乗車いただいた。そのときは始発から3名乗車されていたため返事はなかった。残念！

変わったときだった。ブレーキを踏んで停車すると、運転席後方から「はぁ～」というため息が聞こえる。

これでもう3度目。黄色信号で停車するたびにこちらに知らせるようにわざとらしく大きなため息をつくお客がいる。車内ミラーで確認すると、くたびれたスーツを着た、50代と思われる男性のようだ。黄色信号での停車に対し、「遅れているんだから、そのくらいのタイミングなら、止まらず行っちゃえよ」という意思表示なのであろう。

このお客ほど露骨ではなくても、舌打ちをしたり、ため息をついたりするお客は多い。

黄色信号での停車は道路交通法上、守るべきルールだが、片側2車線以上ある道路で並走しているクルマが止まらずに走り去っていくのに、自分の乗っているバスが停車すると、のろのろと運転しているように思えてイラッとするようだ。

1回の信号で停車する時間は数十秒程度。黄色信号を無視して突っ走るよりも、バス停でのお客の乗降を迅速にするほうが時間の短縮になる。黄色信号で止まって舌打ちをするくらいなら、一本前のバスに乗ってほしいものだ。

バイパス
市街地の混雑区間や交通障害地域を避けるために造られる道路。バイパスは道幅が広く、バス停の停車スペースも広いため、比較的バスの運転はしやすい。この当時よく走っていた保土ヶ谷バイパスは片側3車線で、日本一交通量が多い道路とされている。

法定速度を守って走っているときも同様で、私に聞こえるか聞こえないか程度の小声で「おせーなぁ」とか、ため息まじりに「トロイなあ」とぼやくお客*もいる。そういう声ほど不思議と耳に入ってくる。聞かせたくて言っているのだろうが、はい、バスドライバーにはよく聞こえております。

途中バス停にあるバスの時刻表は、電車の時刻表と違う。電車では発車時刻を意味するのに対し、バスの場合は「その時刻より早い時間には発車しませんよ」という意味なのだ。

電車と違ってバスは信号で止まったり渋滞があったり、運賃収受やお客の対応などで時間を使うため、電車のような定時運行は難しい。バス停の時刻表に表記された時刻より遅れることなどしょっちゅうだ。なお、時刻表に表示してある時間より1秒でも早く発車してしまうと「早発」という運行ミス扱いになる。私の同僚で20秒早発して処分*を受けた運転士が実際にいる。

お客にはそういったバス会社側の事情を斟酌（しんしゃく）しない人がいる。バス停に1分遅れて到着したときだった。

ぼやくお客
小声でのぼやきだけではない。「時間がないから急いで」と急かしてくるお客や、「×分までに駅に着かないと電車に間に合わないんですけど…」などと要求してくるお客もいる。バスはタクシーのように、一人のお客の要望に応えることはできませんから悪しからず。

20秒早発して処分
たった20秒の早発がなぜ露見するのか？　このときはバスに乗れなかったお客が営業所にクレーム

「お待たせしました。横浜駅行きです」

そう言って前扉を開けると、40代くらいの男性が乗り込んできた。

不機嫌そうに顔をしかめ、自分の腕時計をこれみよがしに見せつけながら、

「遅いじゃねえか。何分遅れているんだよ」と文句を言ってくる。

「1分しか遅れていませんよ。バスが道路事情によって遅れることがあるのは当たり前でしょう」

そうノドまで出かかっているが、こうしたお客にそんなことを言えば火に油を注ぐことになるのは目に見えている。「お待たせして、すみませんでした」と謝る。


さすがに1分遅れで文句を言う人は珍しいが、5分ほど遅れたときは、電車に間に合わないとか会社や学校に遅れる*とか言って急かしてくるお客や、クレームをつけてくるお客が結構いる。

この仕事に就いたばかりのころは、こんなクレームが気になって仕方なかった。「おせーなぁ」と言われれば腹が立ったし、イラつきもした。言い返してやろうかと思ったのも一度や二度ではない。

の電話を入れてきて、ドライブレコーダーを確認したところ、20秒の早発が判明した。この運転士は翌日、反省文を書くために、1日だけ下車勤務（乗務停止）処分となった。

会社や学校に遅れる バス側の都合で遅れたことを証明する「遅延証明書」を求めてくるお客も多い。なかには3分遅れただけで「遅延証明書」を発行してくれと要求するお客もいる。運転士が書き込むのは「日付」と「遅れた時間」のみではあるが、何十枚となるとそれなりに時間がかかるため、この作業でさらにバスが遅れることも。同じ高校の生徒がたくさん乗車しているときには代表者1名だけに遅延証明書を渡して、それで全員分を代用してもらったりした。

しかし、入社して1年ほどがすぎ、何度もこんな経験をするうちに慣れるようになった。「慣れる」という表現はおかしいかもしれないが、「そういうものだ」と受け入れられるようになった。それにより、腹立ちやイライラもずいぶんと軽減した。「慣れ」とはすごいものだと思う。

一方で、こんなことに慣れて、何か言われても「そういうものだ」と思ってしまう自分が怖くなることがある。でも、慣れなければやっていられないのもバスドライバーの真実なのである。

某月某日 ギアチェンジ：「何かあってからじゃ遅い」

自動車教習所で教習を受けていたとき、マニュアル車の場合、「踏切内ではギアチェンジをしてはいけない」と教官に教わった。

踏切内でギアチェンジをして次のギアに入らなかったり、ギアが故障して踏切内でクルマが止まってしまうのを防ぐためだ。だから、バスの場合、ギアを2速*で

2速
普通自動車の1速ギアはバスでは2速ギアになる。バスの1速はスーパーローといって坂道発進のときなどに使い、通常発進時は2速からの発進

で踏切内に入ったら、線路を横断し踏切を抜けるまで2速のままで通過することになる。

1～2本の線路を横断する踏切なら、距離もさほどないので同一ギアでギアチェンジせず通過できる。

ところが、駅付近の踏切のように線路が何本も横切っている踏切となると、相当な距離になる。そんな踏切を大型バスで低いギアのまま横断しながらスピードを出そうと思うと、うなるようなエンジン音が車内に響きわたる。

2速だとスピードが出ず、踏切に入ったとたん警報音が鳴ってしまうと渡り切った先の遮断機の棒に接触*しそうになることもあったりする。

平日の昼下がり、8名ほどの乗客を乗せて横浜駅付近の踏切を渡ろうとしたときだった。この踏切は4路線分の線路が通っており、距離が長い。

渡り始めてすぐに踏切の警報音が鳴る。仕方なくすぐに2速から3速にギアチェンジし、難なく踏切を通過した。

前半の運行をつつがなく終えて、休憩のため営業所に戻った。営業所に入るな

となる。ちなみに現在の路線バスは6速まであるのが標準。また、バスのシフトチェンジの仕組みは、一般的なマニュアル車とは異なる。一般的なマニュアル車は、シフトレバーを操作して、直接トランスミッション（歯車）を変更してギアチェンジするが、バスの場合、シフトレバーの操作は電気信号に変換され、遠隔的にギアチェンジしている。このシステムは、指先でも操作できることから「フィンガーシフト」と呼ばれ、バス運転士の負担軽減につながった。

遮断機の棒に接触
実際にバスの屋根に遮断機の棒が当たってしまったことがある。ゴトンという大きな音が車内に響いた。私は焦ったのを隠し、素知らぬ顔で運転し続けていたが、お客はびっくりしただろう。

り助役の真島さんが顔をあげた。真島さんは40代後半で私とそう変わらない年齢のはずだが、頭はすっかり薄くなっている。神経質で細かなことにも気がつくのはいいのだが、小うるさい。険しい顔で「須畑さん、ちょっと来て」と手招きされた。嫌な予感がする。

事務室に入ると「今日午後1時ごろ、横浜駅付近の踏切を通過するとき、ギアチェンジしなかった?」と聞く。

「ええ、したかもしれませんが……それが何か?」

「いや、お客さんから電話があってね。踏切内でギアチェンジをしている運転士がいるから、ちゃんと指導しておけって」

「申し訳ありません。以後、気をつけます」

そう神妙な顔をして謝ったが、心の中では「えっ、そんなことに気づくのかよ。しかもわざわざ電話までしてくるのかよ」と思っていた。最近は直接その場で言うのではなく、あとになって営業所に電話で苦情を言ってくるお客が増えている。

バスドライバーから助役*になった真島さんは神経質そうに貧乏ゆすりをしながら注意を続けた。

助役
所長を補佐する立場で、

「わざわざ電話してくれて、ありがたいと思わないと。何かあってからじゃ遅いんだからさ。われわれの仕事は命を預かっているんだって自覚してもらわないとね」

ギアチェンジくらいで「何かある」とも思えないが、悪いのは私だ。こういうときには平身低頭、謝るに限る。

「はい。申し訳ありません」

忙しく出入りしている運転士や事務職員たちが何を言われているのかと、チラチラ横目で見ながら通りすぎていく。

「路線バスの運転士は、プロのドライバーとして、つねにお客さんから見られているんですよ。だから、運転中はつねに模範となる運転を心がけてくれないとね」

「申し訳ありません。以後、気をつけます」

「私だって、こんなこと言いたくて言ってるわけじゃないんだよ。私も嫌われ者になりたくないしね。でも誰かがちゃんと言ってあげないといけないわけだし……」

職場を管理し、運転士の指導・育成、事故対応、クレームやトラブル処理などを行なう。この当時、横浜営業所には４名の助役がいて、彼らはみな元運転士だった。

「はい、以後、気をつけます」

バカの一つ覚えのように同じセリフを何度も繰り返していた。注意はその後、真島さんが電話で呼び出されるまで10分以上続いたのだった。

某月某日 **番長の因縁**：パッシング事件

横浜の中原（なかはら）街道と交差する市道を走行していると、道幅が狭いところで、向かいからバスがやってくるのが見えた。運転士は清原だった。

道幅が狭くなる少し手前に待避できるスペースがあったため、私はそこにバスを停めた。そして、「どうぞ先に行ってください」という意味でパッシング*をして道を譲った。

清原は私のほうを見ようともせず、怒ったような顔ですれ違っていった。営業所内でのあいさつばかりか、業務中のやりとりまで無視するのかと思ったものの、業務に集中していて、そんなこともすぐに忘れてしまった。

パッシング
ヘッドライトを素早く1、2回点滅させる。「お先にどうぞ」の意で使われたり、反対に「自分が先に進む」という意で使われる場合も。関東では「お先にどうぞ」で、関

その後、休憩のために営業所に戻ると、清原が営業所の入口付近で待ち構えていた。乗務員の名前とその日の運行ルートは、事務所に掲示されている。清原は私の帰り時間を把握して待っていたのだろう。

「ちょっとこっち」

手招きされて連れていかれたのは、営業所の裏だった。破れたサンドバッグが転がり、雑草の生い茂っている日陰の場所は、学校の体育館裏を思わせた。それまで清原とまともな会話すら交わしたことがなかった私は突然、「番長」に呼び出されたわけだ。

「さっきの、あれ、何？」

清原はすごんだ。* 私は「なんのことですか？」と聞き返した。とぼけたわけではない。本当に何を言っているのかわからなかったのだ。

「さっき自治会館の前のところですれ違っただろ。あれはなんなんだ？」

「道が狭いので譲ったのですが、それが何か？」

私がそう言うなり、清原の表情が変わった。

「生意気だな。パッシングなんかしやがって」

西では「自分が先に進む」合図であることが多いという。道を譲ってもらったときの「感謝」、ハイビームや無灯火への「警告」、割り込み運転などへの「抗議」に使われることも。地域によっては使い方が異なるので注意が必要。

清原はすごんだ
清原はよく休憩室で学生時代の武勇伝を大声で話していた。高校時代にカツアゲをしただの、バイクを盗んだだのといった話が大好きで、周囲にも聞こえるような声で大げさに話す。私はなるべく近づかないようにしていた。

バス同士がすれ違う際、パッシングをして譲る意思を相手に伝えることは多々ある。現に清原以外の運転士なら、相手の運転士がパッシングをしてきたり、私がパッシングをしたりして円滑にすれ違い、譲ってもらった運転士は軽く手を挙げてお礼をするのが日常なのである。謝意のパッシングをそんなふうに曲解するのは清原くらいのものだ。高圧的な態度に腹が立ったものの、彼とトラブルを起こしたくなかった私は冷静に、

「じゃあ、どうすればいいんでしょうか？」

と聞き返した。

「おまえはそこに止まってじっとして俺が通るのを待ってればいいんだよ」

清原は苛立ちをあらわにしてそう言う。

そんなバカな。私は納得ができなかったため、何も答えずにいた。無言の清原とのあいだににらみ合いの空気が流れた。

清原は威圧的に脅かせば、私がすぐに謝るとでも思ったのだろう。因縁をつけて私に謝罪をさせることで、営業所内での自らの優位性*を示そうとしたのかもしれない。ところが、私が冷静に対処したのが気にいらないのだ。

営業所内での自らの優位性

「わかったのかよ」

清原が念押しするかのように言う。

私が目を逸らさずになおも黙ったままでいると、強気だった清原に困惑の色が浮かんだ。

しばしの沈黙が続き、いい大人同士がこんな場所でやりあうことにどうでもいい気持ちになった私が「わかりました」とだけ言うと、清原はこちらをなめまわすように見たあと、その場を立ち去った。


清原は一般の運転士だったが、上司にあたる助役や班長に対してもつねにタメ口で話していたし、年下の班長などは完全になめてかかっていた。清原を敵にまわすと面倒なため、逆に助役や班長のほうが清原に気をつかっているくらいだった。

某月某日 トイレは我慢：頻尿「防止」大作戦

バスドライバーになって困ったことがある。寒いと小便が近くなってしまうことだ。
年齢を重ねるごとに小便が近くなってきた。乗務中、小便の我慢がかなり苦痛となる。私の場合、冬場の早朝だと30分もすると小便に行きたくなる。そんな状

態だから、営業所から出庫する前にはもちろんトイレに行く。「回送」で始発のバス停に向かい、念のため、そこでもまたトイレに行く。ただ、始発バス停にトイレのないところもあり、そのときは我慢するしかない。

乗務するルートは日によってまちまちだ。海老名駅から片道10分で終点に着くルートもあれば、たとえば、海老名駅発・羽田空港行きの高速バスのルートだと、第3ターミナル*まで1時間10分はかかる。この間、運転士はトイレに行けない。

また、朝は慌ただしく、路線によっては道路が渋滞したり、お客の乗降が多く、その対応で大幅に運行が遅れたりすることがある。そうなると折り返し地点に到着後、すぐに次の運行をせねばならず、トイレに行く時間がなくなってしまう。

トイレに行きたくなるのは生理現象なので、ルール上は営業所に無線を入れれば運行に遅れが出てもトイレに行ってよいことになっている。しかし、そうはいっても現実的には難しい。

トイレに行くためには、バスを待っているお客の横を通り抜けることになるのだ。膀胱が四の五の言っていられない状況に追い込まれていれば、考える間もなくトイレに駆け込むだけだが、中途半端な状態が一番困る。

第3ターミナル
羽田空港での停車バス停は、第1、第2、第3の順番となる。羽田空港の第3ターミナルは2010年に開業した国際線ターミナル。空港でありながら、江戸をイメージした古き良き日本を感じられる店が立ち並び、国内外の旅人に人気のスポット。第3ターミナルに向かう高速バスの乗客は期待に胸を膨らませ、運転士は膀胱を膨らませている。

「行っておいたほうがいいよな」「いや、出発予定時刻はすぎているし、この程度ならまだ30分は我慢できるぞ」「でも、万一、我慢できなくなったらどうする」「帰りの路線は道路も空いているし、前回も大丈夫だった」……。私の中の「行っておけ」派と、「まだ大丈夫」派が闘っている。

で、たいてい「まだ大丈夫」派が勝利する。朝の混雑時、出発を遅らせてお客を待たせてまでトイレに行く勇気*は私にはない。

トイレを我慢して、折り返し運行を決行すれば、当然、運行中にトイレに行きたくなる。

「終点まであと10分」「あと8分」「頑張れ、あと5分」などと残り時間を考えつつ、足をモジモジしたり尿道に力を入れたりしながら運転している。場合により、ちょろっとだけ漏れてしまうこともある。いつもより車内アナウンスの声が甲高くなったりする。冬場の朝の運行ならではの苦労だ。

トイレ我慢もつらいので、なんとかならないかと病院に行った。医師が言うには、「歳をとって膀胱が固くなってきたので、尿が我慢できにくくなっている」。そして処方されたのは「膀胱をやわらかくする薬」だった。薬で膀胱をやわらか

トイレに行く勇気
ある先輩運転士は「生理現象なのだから仕方がない。トイレに行く権利が運転士にはある」と言い切る。だから、バス停で待っているお客のことなど気にせず、お客の前を堂々と通ってトイレに行くそうだ。たしかに正論だが、小心者の私は、お客に嫌われるのが怖い。トイレに行くにも「嫌われる勇気」が必要なのである。

くできれば、今よりも我慢がきくようになるという医師の言葉を信じ、藁（わら）にもすがる思いで1錠200円*するその新薬を、1日1錠飲み始めた。

ところが、なかなか効果を感じない。寒さが本格化し、トイレの近くなる12月から飲み始めたのだが、1カ月経っても、2カ月経っても、状況は変わらない。例年どおりのモジモジ我慢大会が続く。3カ月がすぎるころには尿意を我慢できるようになってきたが、これは薬のチカラではなく、季節が変わって気温が上がったおかげだろう。結局、この薬はこの年だけでやめた。

その次の年、またあの季節が近づいてきて、対策を考えた私は、オムツの着用も視野に入れ始めた。これなら多少の尿漏れも問題ない。

しかし、大人用の紙オムツだとズボンを履いていても臀部が盛り上がって見えてしまうのが恥ずかしい。バスドライバーの臀部など誰も気にしない？　そりゃそうだろうが、まだそんな歳ではないという抵抗感もあり、紙オムツ着用には至っていない。

そんな私の冬場尿漏れ対策は、通販で3枚5000円の尿漏れ対応トランクス*だ。10〜20cc程度の尿漏れならこれでばっちりという優れもの。

1錠200円
処方された薬は、膀胱を弛緩させることで、蓄尿機能を高め、尿意切迫感や頻尿、切迫性尿失禁などの症状に効果が期待できる新薬で、現在のところジェネリック（後発医薬品）はないため、高額だった。

尿漏れ対応トランクス
内側前面に吸水パッドが

冬の朝限定なので、この季節さえ乗り切ればと、運転中、気持ちと一緒に尿道を締める私であった。

某月某日　車椅子：シニアカーでも乗れますか？

昨今、車椅子でバスに乗車するお客が増えてきた。街中のバリアフリー化が進んでいるように、車椅子利用者が健常者と同じように移動できることが社会の要請となっている。バス業界も10年ほど前は車椅子を乗せられない車両がいくつかあったが、現在は段差がなく、床が低い位置につくられた「ノンステップ*」で、車椅子を2台まで乗せられるバスが主流となっている。

車椅子のお客を乗せるためには、バスをニーリング（左側の車高をエアサスペンションを使って下げる）して、中扉からスロープを外に出し、そこから乗車してもらう。車椅子を停めるためのスペースにあるバス車内の椅子は畳む。また、車椅子とバスの床面、側面を固定するなど何かとやることが多い。

装着されており、横漏れやちょい漏れを逃さずキャッチする優れもの。抗菌・消臭加工なので臭いも安心、洗濯もできる。ただし、本格的に漏らせば、さすがに乗り切れない。

ノンステップ
日本初のノンステップバスは、近畿日本鉄道（現・近鉄バス）が、1963年、日本初の2階建てバス「ビスタコーチ」の2階部分を取り除いて製造した車両だといわれる。1985年には、三菱自動車工業（現・三菱ふそうトラック・バス）が初のワンマン運転対応の本格的なノンステップバスを製造し、名古屋鉄道（現・名鉄バス）、京浜急行電鉄（現・京浜急行バス）、岐阜乗合自動車の3社が導入した。

これを一人でやると2分程度かかるのだが、急いでいる乗客の中には心ない人*もいて、乗車の準備をしていると露骨にため息をつく人がいる。急いでいるのかもしれないが、あまりにも自分勝手だと思う。

あるとき、40代と思われる車椅子の女性が乗車してきた。介助者はおらず、彼女ひとりだった。私がニーリングなどの作業をしていると「すみません。ありがとうございます」とたいへん恐縮している。

「いえいえ、構いません。こちらの場所でお待ちください」と案内すると、彼女はまわりの乗客たちにも「すみません」と気をつかいながら車椅子のスペースに移動した。「バスに乗る」というわれわれにとっては何気ない行動だけでも、こうして周囲に気を配らなければならない気苦労やたいへんさは本人でないとわからないだろう。

その人を乗せて、その先2つ目のバス停に5分遅れで到着したところ、乗ってきた男性に「何やってるんだ。遅いじゃないか!」と怒鳴られた。

ムカッとは来たが私にとってはよくあることで我慢ができる。ただ、私は車椅子の女性が気になった。車内ミラーで確認してみると、うつむいているように見

心ない人
車椅子の人やベビーカー連れの人に対して、現場で敵意を剥き出しにする人は少なくても、SNSではたびたび「混雑する時間に乗るな」といった主張が見受けられる。なんとも世知辛い世の中になったものだ。

える。その不用意な発言で、彼女がさらに心苦しい思いでいたらと思うと、やりきれなかった。

怒鳴った男性が降りたあとで、車椅子の彼女が降りるバス停に到着した。私は降車の準備をしながら、彼女にどう声をかけようかと迷っていた。

「さきほどはすみません」と謝るのも、「気にしないでくださいね」と言うのも何か違う気がした。

「お世話になりました。どうもありがとうございます」と言った彼女に、「お気をつけていってらっしゃいませ。またのご乗車をお待ちしています」とだけ伝えた。

一口に車椅子といっても、スポーツタイプのものや電動車椅子*など、さまざまだ。重量のある電動車椅子は乗降に苦労することが多い。

ある日、「これは無理！」という乗り物に出会った。80歳はゆうにすぎたであろうおばあさんが乗っていたのは、ハンドル、バックミラー、そして荷物を乗せるカゴまでついたシニアカー*（高齢者向けに製造された一人乗りの電動車両）だった。

スポーツタイプのものや電動車椅子
車椅子バスケットボールなどの競技に使用されるスポーツタイプのものには介助者が握る取っ手がない。また、電動車椅子はバッテリーを積んでいるため、かなり重く、そこに乗る人の体重も加わり、乗降時には安全のため電動車椅子の電源を切るのでなかなかの重労働になる。バスドライバーになって初めて実感したことだ。

シニアカー
道路交通法上、歩行者と同じ扱いのため、歩道を運転しなければならない。歩道がない道路では、右側の路側帯を走行する。最高速度は時速6キロメートルと定められている。これは成人が早歩きするのと同じ程度の速さだ。

「申し訳ありませんが、これはバスには乗せられないですよ」

と丁重にお断りしたところ、

「そんなことないね。この前の運転士さんは乗せてくれたよ」

とおばあさんは引き下がらない。

そんなバカなと耳を疑ったが、サイズ的には無理して乗せようと思えば乗せられないことはなさそうだ。対応に困った私は、営業所に無線を入れて指示を仰いだ。

「車椅子ではなく、シニアカーなのでバスに乗せるのは不可」という回答だった。

「すみません。確認しましたが、やっぱりダメなんですよ」

「そうなのかい。前は乗せてくれたのにねえ……」

おばあさんはしょんぼりしてそう言う。シニアカーに乗って去っていく後ろ姿が切なかった。きっと誰かが特例で乗せたのだろう。せめてその運転士が「今回だけ特別ですからね」とでも言っておいてくれたらよかったのに。

後日、この話を営業所の休憩室で同僚に話したところ、

「えっ、俺なんかストレッチャーを乗せたことがあるよ」と言う。

彼の話によると、霧雨の降る夜、ストレッチャーに横たわった人が、２人に付き添われてバスを待っていたそうだ。ストレッチャーとは病院や救急車などで使用されている車輪のついた小型ベッドのような、あれだ。ドアを開けて確認すると、点滴までしている。

こんな状態なら救急車でも呼んだほうがいいのではと思ったそうだが、乗せてほしいと懇願されたため、彼はやむなく自己判断で、中扉からストレッチャーごとバスに乗せたのだという。霧雨も降っていたし、そのまま放置するのは忍びなかったそうだ。彼いわく、この件は会社には報告しなかったとのこと。

「こっちは人助けでやっているのに、始末書なんか書かされたらたまらんからね」

われわれバスドライバーは規則と人情との狭間*で揺れ動いているのである。

規則と人情との狭間
バスの運転士は接客業でもある。なんでもかんでも規則に従うマニュアル人間で通してしまうと、お客側には「融通のきかないお役所仕事」と思われ、クレームを入れられることも。一方で、規則を破ってでもマイルールを採用すれば、何か問題が起こったとき言い訳はきかない。規則を取るか、人情を取るか、難しい選択を迫られるのが接客業なのだ。

某月某日 **高校教師を辞めたワケ**：憧れの仕事

私は幼いころ*から漠然と乗り物の運転士に憧れていた。

だが、大学で中学・高校の社会科の教員免許を取得すると、卒業後は中学校の教員をめざした。単なる憧れと将来の生活設計を切り離して考えるくらいには大人だったのだ。

教員採用試験に不合格となった私は「臨任教員（臨時的任用教員）」という立場で地元の公立中学校に職を得ることになる。平たくいえば「非正規」の中学教師になったわけだ。「非正規」といえど、働き方は公務員である教員とまったく一緒で、担任も部活の顧問も受け持った。違うのは雇用期間が区切られていて、1年ごとに契約が更新されることだ。ちなみに年収は380万円ほどだった。

教師になりたての私は、当時流行っていた学園ドラマの主人公のように張り切っていた。担任をもった中学3年のクラスには問題児が何人かいて、いつも誰

幼いころ
心の原体験とでもいおうか、よく覚えている出来事がある。5歳ごろ、母と一緒に道を歩いていた私が、信号で停車するバスの運転士に手を振った。すると、その運転士さんは優しそうな笑みを浮かべながら、私に手を振り返してくれたのだ。それが嬉しくて、信号が変わりもう見えなくなるまで遠くに行ってしまったバスに目がけて、私はピョンピョン跳ねながら手を振り続けた。若者の人材不足がささやかれるバス業界だが、私が出会ったような運転士の「神対

かしらが授業を抜け出していた。中にはタバコやシンナーを吸っている生徒もいた。そんな時代だった。不良といってもまだ中学生で、かわいいところもある彼らを職員室に連れていって指導した。20代前半で生徒たちと年齢も近かった私は、兄弟のようなつもりで接していた。よくいえば熱血教師だったが、生徒からすると面倒くさいタイプだったかもしれない。

数年が経ち、私はテレビドラマのような理想が、現実の学校現場では通用しないことを思い知った。問題生徒の指導には終わりがなく、報告書の作成などの雑事に追い回された。しだいに生徒を指導する熱意は失われていった。

臨任教員の契約期間は1年ごとで、年度が終わりに近づくと、学校から次年度も継続して勤めるかどうかの確認をされる。６度目の契約更新の判断が迫ってきたとき、次年度の契約を行なわないことを伝え、中学校を退職*した。29歳だった。

その後、36歳までのあいだ、専門学校や塾の講師の仕事*を続けていた。その間に結婚し、２人の娘を授かった。すでに教育に対する情熱はなく、妻と娘２人の家族を養うためだった。

40代が見えてきたとき、宙ぶらりんな生活を安定させようと決意し、私立高校

応」が、将来のバスドライバーを生む、などと考えるのは大げさだろうか。

中学校を退職
部活の顧問も務めていたこともあり、土日もほとんど休めなかった。月の残業時間は１００時間を軽く超え、何よりも体がボロボロだった。近ごろようやく学校教員の労働環境の劣悪さがクローズアップされるようになったが、教員の苦労は身に染みてよくわかる。

専門学校や塾の講師の仕事
この2つの仕事を掛けもちしていた。専門学校の雇用形態が時間講師だったため、それだけでは収入が足りず、夜に塾講師をしていた。とはいえ、専門学校では生徒指導もなく、好きな地理に専念できたので心身の負担は軽かった。

の社会科の教師に収まった。「専任講師」という立場で、１年ごとに契約が更新される。ここでも契約社員的な扱いだったが、社会保険が完備していて、ボーナスも出た。年収は４５０万円だった。

妻と２人の子どもを養うためと割り切って就いた仕事ではあったが、高校での仕事は充実していた。偏差値は県内でも「中の下」くらいのレベルだったが、校風はおだやかで、男子校ということもあり、生徒たちも気取ったところがなかった。生徒との関係も良好で、学校から信頼を寄せられていることも感じられた。一度は失ってしまった教育への情熱がよみがえってきたのだ。生活も安定*し、子育ても順調だった。自分はこのまま教師として定年を迎えるのだと思っていた。

しかし、40代半ばに差しかかると、小さいころに憧れていた「乗り物の運転士になりたい」という気持ちがむくむくと湧き出てきた。今やらなければ一生乗り物の運転士になれない、と考えるようになっていた。

定年まではあと15年（当時の勤務先の定年は60歳）。このまま私立高校の教師として定年を迎えるか、それとも憧れていた乗り物の運転士になるか。今のタイミングを逃せば、一生転職をしないだろう。私は迷いながら情報を集め始めた。

生活も安定
中学教師時代の働き方にくらべ、部活の顧問も持たず、残業も少なかったため、プライベートの時間をある程度確保できた。安定した生活のためには十分な休養が必要不可欠なのだ。

採用枠もそこそこある
バス業界は慢性的な人手

パイロットの難しさは知っていたし、電車にも関心の薄かった私は、トラック、タクシー、バスの求人資料を集め、読みあさった。

なかでも一番興味を惹かれたのがバスドライバーだった。自分の意思でハンドル操作ができ、お客と関わりを持つこともできる。採用枠もそこそこあるうえ、*収入は会社によってバラつきがあるものの400万～500万円程度で比較的安定している。これなら自分にもできるのではないか、と考えた。

しかし、このことは家族にも職場にも話さなかった。

某月某日　「好きにすれば」：47歳、バスドライバーに

当時、私は45歳、同い年の妻は専業主婦で、長女が中学2年、次女が小学5年だった。長女は翌年受験を控え、子どもたちにはまだまだ学費もかかる。住宅ローンも抱えていて、決して家計に余裕はなかった。

家族にすれば、高校の教師を続けたほうがいいだろう。まず世間体がいい。そ

不足といわれる。とくに若者のなり手が少なく、運転士の高齢化は今も続いている。厚生労働省が2022年に発表したデータによると、10人以上が働く会社でのバス運転士の平均年齢は53・0歳。鉄道業界の平均年齢40・3歳、航空業界の41・1歳とくらべて10歳以上高い。

れに転職するには多くのエネルギーを使うし、収入は減る可能性が高い。バスドライバーには事故のリスクだってある。そんなことを考えると、転職を理解してもらうのは難しいと思えて、そんな話を家族に切り出すことはできなかった。

あきらめようと思うものの、憧れの仕事は日に日に私の頭の中で大きくなっていった。悶々として1年が経っても私の気持ちは変わっていなかった。いや、むしろ以前よりも「運転士になりたい」という憧れが増していた。

「今日こそ言おう」と決意するものの、いざ妻を前にすると切り出すことができない。そんな日が何日も続いた。

そしてある晩、意を決して妻に話しかけた。

「転職を考えているんだ」

「転職？　別の学校に移るの？」

「そうじゃなくて……バスの運転士になりたいな、と思って」

「……」

妻は少しのあいだ沈黙したあと、ゆっくりと話し出した。

「そんな年齢なのに今から教師を辞めてバスの運転士になるの？　なぜ今、あなたが教師を辞めないといけないのよ」

妻は冷静にそう言った。妻の言っていることは正しい。そりゃそうだよな、と自分に言い聞かせた。子どもみたいな夢は封印したほうがいい。そう思った。

だが、休日や就寝時、バスドライバーとして活躍している自分の姿が頭に浮かび上がってくる。40歳すぎの大人として恥ずかしい話かもしれないが、バスドライバーになりたいという気持ちを抑えられない[*]のだ。

そんな日々をすごしながら、さらに半年が経った。私は再度、妻に自分の気持ちを伝えた。

また少しの沈黙があった。でも、私はもう何を言われても、妻を納得させて、バスドライバーになろうと決めていた。

「わかった。そこまで言うのならやってみれば」と妻は言った。ついに妻の理解を得られたのだ。いや、反対してももうダメだと思っただけかもしれないが……。

妻とは対照的に、意外にも娘たちは好反応だった。長女と次女は、

「パパの歳で夢を追うなんてすごいね」

と言ってくれた。

気持ちを抑えられない
今思うと私は「ミッドライフクライシス（中年の危機）」に陥っていたのかもしれない。「ミッドライフクライシス」とは、40～60代に現れる焦燥感や心理的葛藤のこと。「自分はいったい何者なのか？」と悩んでしまう者が多いことから、第二の思春期とも称されるという。このころの私は、定年までの給料や自分の姿が見えてしまい、つまらなさを感じていた。当時の私の心理状態がどうであれ、転職の決断は間違いではなかったと思う。何が起きるかわからないほうが人生は面白い。一度きりの人生なのだから。

妻と子どもたちにも理解してもらった(と勝手に解釈した)私は、家族の生活だけは絶対に守らなければならないと身を引き締めた。

家族の〝理解〟を得て、バスドライバーとなることを決意したのが10月。その後、12月中旬、期末試験が終わるころ*、校長に退職の意思を伝えた。

「須畑先生、考え直すことはできませんか?」

校長は退職を思いとどまるように説得をしてくれた。私の教師としての仕事を評価してくれ、ここでの歳月が決して無駄なものではなかったと思えた。だが、もちろん私の決意は揺るがなかった。

これでいよいよ私はバスドライバーになるための就活*を開始する覚悟ができた。私は47歳になっていた。

期末試験が終わるころ
12月中旬から教務課が次年度のカリキュラムの作成に入る。3月で退職するならこのタイミングで退職の意思を伝えなければ、学校に迷惑をかけることになる。

就活
バスドライバーになるためには「大型自動車第二種免許」が必要である。受験資格は21歳以上で普通自動車免許を取得して3年以上の者。この当時は試験場での一発試験のみだった(現在は教習所でも取得可能)。じつは乗り物好きな私は、あくまで趣味の一環として、高校教師時代に「大型二種免許」を取得していた。そのときは本気でバスドライバーになろうと思ってはいなかったのだが…。

第2章 愉快でアヤシイ乗客たち

某月某日 **有効期限切れ**：乗車証をめぐる攻防

昨今、路線バスの支払い方法は多様になってきた。これがまた運転士を悩ませる。

多くの人は、交通系ＩＣカードか現金で支払う。定期の場合は、交通系ＩＣカードにデータが入っている電子定期券と、昔ながらの紙の定期券も残っている。

さらに、敬老パスで乗車する人、障害者手帳*を提示して乗車する人、福祉手帳を提示して割引で乗車する人、職務乗車証で乗車する人（バス会社や関連会社の社員）、社員の家族乗車証*で乗車する人、回数券や株式優待券で乗車する人……と、じつにさまざまな人が、さまざまな支払い方法で乗ってくるのだ。

そのたびに運転士は乗車券を目で見て確認しなければならない。その種類の多さに運転士は神経をつかう。混雑時には一苦労である。

とくに注意が必要なのが、紙の定期券だ。後払い時、期限切れの定期券をサッ

障害者手帳
障害者手帳が提示された場合、横浜市は無料となるが、神奈川県のそれ以外では半額となる地域が多い。端数は10円単位で繰り上げられるため、２１０円区間なら１１０円。

社員の家族乗車証
同居する家族なら何人でも対象となる。が、以前

と一瞬見せただけで足早に降車していくケースがあるのだ。「あっ」と思った瞬間にはもう降りられてしまい、混雑しているとそのまま見失ってしまう。

朝のラッシュアワー、終点の横浜駅のロータリーに到着すると、いつものように行列をなして乗客が降車していった。交通系ＩＣカードの場合は、電子音が鳴ったかをチェックすればいいのでラクだが、電子音と電子音の合間にときおり紙の定期券を提示する人がいる。チェックするポイントは、有効期限が何月何日までか。当然、本日６月８日よりも先の日にちになっていなければならない。

すると、30代くらいに見える女性がそっぽを向いたまま、サッと定期を提示して、せかせかとバスを降りようとした。定期券の有効期限の「月」の部分の数字が、ちょうど指で隠れていて確認できなかった。

私は以前にもその女性が逃げるようにバスを降りていったことを記憶していた。このくらいの世代で、交通系ＩＣカードではなく紙の定期券を利用しているのは珍しかったので記憶に残っていたのだ。

私は不正の可能性が高いと判断し、すぐ車外マイクで降車していった女性に呼

「家族です」と言いながら、総勢16人の乗客が１枚の家族乗車証を利用してきたことがある。大家族の可能性もあるが、半分ほどは高校生くらいの子だったので、おそらく友だちなどが便乗したのだろう。その場合はもちろん違反である。私は念のため、無線で営業所に確認をとった。助役は少しだけ考えてから、「まあ、今回はしょうがないか」と言った。

びかけた。

「お客さま、確認できなかったので、もう一度見せていただけませんか？」

そう言っても無視していなくなってしまう人もいるが、彼女は青白い顔をして戻ってきた。

「すみません。有効期限が切れていることに気づきませんでした。うっかりしていました」

そう言って詫びると、既定の料金*を払った。

もちろん彼女が本当にうっかりしていた可能性もある。しかし定期の有効期限は5月15日だった。3週間以上にわたって、定期を持っているにもかかわらず、一度もバスに乗っていないとは考えづらく、「意図的」だったと疑わざるをえない。ただ、「うっかりしていた」と言われれば信じるしかない。私にできるのは、料金をいただいたうえで期限切れの定期券を回収することだけだ。

彼女は「ずっと旅行に行っていたから、定期を使っていなかったんです」と話した。その言葉は私への言い訳というより、降車を待つ乗客たちへの自己弁護のように聞こえた。

既定の料金
このような不正をすると鉄道会社では2～3倍の料金を請求するらしいが、東神バスは正規料金のみ収受する。良心的な対応だが、同時に侮（あなど）られる可能性もある。

さらにひどいケースにも出会った。定期券の偽造である。

今はパソコンやコピー機でもスキャンやデザインができるし、プリンターの性能も昔とくらべて格段によくなっていると聞く。だから、本気で定期券を偽造されれば、偽物と見破るのは難儀(なんぎ)かもしれない。

ただ、定期券の偽造などというみっともない行為をする人は、たいてい仕事が粗い。私が出会ったお客は、2月15日までの定期券に、「2」の横に手書きの「1」をくわえて、「12」に偽装しているものだった。いまどき、小学生でもこんなマヌケな偽造*はしないだろう。

その定期券を提示されたとき、私は一瞬で違和感を覚え、差し出された定期券を取り上げた。

「これはなんですか?」と尋ねる。男は20代くらいの痩せ形で、黒縁メガネをかけて、小綺麗な白シャツを着ていた。一見すると、やり手のビジネスパーソンに見えなくもないが、死んだ魚のような目をしている。何を考えているのかわからない、私が苦手なタイプだった。

マヌケな偽造
偽造がいくらお粗末でも犯罪に変わりない。バス会社の判断によっては、有価証券偽造・同行使罪で3カ月以上10年以下の懲役に処される。過去にもコンビニのコピー機で定期券を偽造した15歳の少年が逮捕された例がある。たかがバス料金で人生の経歴に傷を付けることはじつに馬鹿らしい。

「はあ」と男は言った。動揺しているふうでもない。

「これ、ダメですよね」

私は定期券に書き加えられた「1」の部分を指差す。

「ええ」

「いや、ええじゃなくて。こんなことをしたらダメじゃないですか」

「そうですね」

男は偽造がバレたことにショックを受けた様子もなく、淡々と応答を重ねるばかりだった。

「ここに住所と連絡先を記載してください。後日、営業所から連絡しますので」

「はあ」

男は、渡した紙に素直に個人情報を記載した。その内容も嘘である可能性は否めないが、定期券の利用者なので個人情報は会社に控えてあるだろう。

何を考えているのかわからない男は、逆ギレするでも落胆するでもなく、見つかったときと変わらぬ表情でその場から去っていった。

後日、彼には期限が切れた日（2月16日）から、不正が発覚した今日（5月20

日）までの乗車料金が、営業所から督促状*によって請求されることになる。彼の乗車区間の料金は1乗車210円なので、往復で1日420円。約3カ月で計算すると、3万7800円だ。定期を購入していればその3分の2程度で済んだだろうに……。

このように交通系ICカードや現金以外での支払いでは、運転士による人為的チェックをかいくぐって不正乗車を画策する人がいる。われわれはそうはさせじと厳しくチェックする。運転士と不正乗車客との終わりなき闘いは続く。

とはいえ、意図的ではなく、本当にうっかりしている人*も少なからずいる。レンタルビデオの会員証を真面目な顔で見せてくるお客には「レンタルは何泊になさいますか？　って違うでしょ」と〝ノリツッコミ〟したくなったこともあった（私はユーモアのある人間ではないので、実際には思うだけである）。

長年運転士をしていると、本当にうっかりしている人と、意図的にしている人の見極めがついてくる。よくテレビの警察密着番組で、「職務質問のプロ」という警察官が違法薬物所持者を見破ったりしている。あれと同じで、意図的に不正をしようとしている人は、どこかしら挙動が怪しい。バスドライバーの直感が働

営業所から督促状
料金回収を担当していたのは助役や事務職員で、回収専門の担当者はいなかった。悪質と判断したケースでは、乗客の自宅に行って取り立てていた。また支払いを拒んだりした場合は、それ以降、定期券を売らないといった対策をとっていた。

うっかりしている人
私はこういう人に対しては、その場での注意と、当日分の料金徴収にとどめていた。もちろん偽造などの悪質性が認められる場合は即座に会社に報告。

くのだ。たいていの場合、直感の正しさが証明される。

どうやら、バスドライバーをしているうち、へんな特殊能力が身についてしまったようだ。

某月某日 バスオタクが好きな席：カシャ、カシャ、カシャ！

平日の昼すぎ、20代と思しき若い男性が、駅前ロータリーにある始発の停留所から乗車してきた。乗客は数人しかおらず、車内はガラガラだ。それなのに男性は、真っ先に左側の一番前の席に陣取った。

男性の姿格好と、首からぶら下げている一眼レフカメラ、手に持っているビデオカメラを見て、私はイヤな予感がする。もしかしてこの人、「バスオタク」では……。

左側の一番前の席は、視界がよく運転操作も眺められるので、バスオタクのみなさんが好んで座る場所*なのである。

*好んで座る場所

もちろんバスオタク以外の方も座る。ガラガラなのにこの席に座りがちなのが子どもだ。この席は座席が高い位置にあり、とくにノンステップ車（乗降ステップがないバス）だと、子どもの場合はよじ登って座るほどに高い。だから座席には注意書きで「お子さまやお年寄りの方はご遠慮願います*」と書いてあるのだが、無視して座る子どもが多い。見晴らしが良く、ちょっとしたアトラクション気分を味わえるので人気なのだ。

でも、今座っているのはどこからどう見ても大人の男。出発前からキョロキョロし、偏見だとわかっていても、タータンチェック柄のシャツにデイパック姿がオタク感に拍車をかけている。

定刻どおりバスが発車すると、予感は的中した。男性は一眼レフカメラでフロントガラス越しの風景や、運転席付近の撮影を開始。写真を撮るときのカシャ！カシャ！というシャッター音が気になり、集中が削がれる。かといって、乗客を撮影しているわけではないので注意することもできない。

男性は一通り撮影を終えると席に座ったまま、

「このバスのエンジン、『ニュー4HK1型』ですよね？」

左側の一番前の席に座るバスオタクの人はだいたいほう。運転士の真横や、なため後ろにべたっとくっついて立ち、写真を撮ったり動画を撮影したりする猛者（もさ）もいる。

ご遠慮願います
以前バスの停車寸前に、この席から降りようとした子どもがバランスを崩して転倒し、鼻を骨折する事故が発生した。保護者の方はくれぐれもご注意を。

と話しかけてきた。エンジン音を聴いただけでエンジンの型を見極めるとはなかなかのマニアである。

私たち運転士は緊急時をのぞいて、走行中はお客に話しかけられても応えない決まりになっている。安全運転のためだ。私は「走行中なので少々お待ちください」と言って、お茶を濁した。その後も、男性は、

「このバスの降車ボタンはオージ製*だよな、きっと。で、放送機器の機材はクラリオン製のCA－8000型*だろうなあ……」

などとぶつぶつつぶやいている。私に話しかけているのか、ひとり言なのかわからない。申し訳ないが、無視させてもらおう。

バスオタクの中には、バスの部品メーカーやその機能などのマニアックな質問を運転士にしてくる人もいる。バスが信号で停車した折にわかる範囲で答えることもあるが、話が長引く傾向にあるため、面倒な話題になりそうだと私は早く信号が青になってくれないかとヤキモキする。

バスオタクの彼は、私との「バスオタトーク」が盛り上がりに欠けたためか、またしてもカメラでカシャカシャやりだした。そしてシャッターの数と同じくら

オージ製
「オージ」は日本の半数以上のバスの降車ボタンを手がけるメーカー。そのほかにもデジタル行き先表示器などバス関連製品を幅広く製作している。「オージ」の由来は、東京都北区王子に本社を構えているからとのこと。作っている製品も社名もじつにわかりやすい会社である。

クラリオン製のCA－8000型
路線バスの放送装置やカーステレオを手がけ

いゴホッゴホッ！と咳をするのである。

もともと、この席や運転席の後ろの席は、咳をする人がよく座る。理由を想像するに、後方の席でゴホゴホやっていると、ほかの乗客に白い目で見られるため、できるだけ人に迷惑をかけないようにという配慮なのだろう。その結果、被害をこうむるのは運転士だけ、というオチである。

この出来事はコロナ禍以前のこととはいえ、私は彼の咳が気になったので、運転席の窓をさりげなく開け、さらに運転席の上部にある換気扇*を回して対応した。

このカシャカシャ&ゴホッゴホッ攻撃は終点の横浜駅に到着するまで続いた。

左側の一番前の席には、「お子さまやお年寄りの方」に加えて、「カシャカシャ・ゴホッゴホッはご遠慮ください」の貼り紙もしてほしいものである。

某月某日　朱に交われば赤くなる：問題ドライバー

ある日、休憩室で同僚４人で話していたときのことである。同僚の一人が、

る「クラリオン（現・フォルシアクラリオン・エレクトロニクス）」の製品。運賃表示、停留所名表示など車内設備を集中的にコントロールする仕組みを持つ「ＣＡ－２０００」に対して、この発展型の「ＣＡ－８０００」はアンドロイドをオペレーティングシステムに採用したタブレットをベースにしたもので、早発・遅発防止機能が組み込まれている。また、車内で流れる放送やＣＭアナウンス内容の変更も、変更箇所だけを録音してパソコンで編集・更新できる優れものだが、ここまで読んだあなたがうっすら感じているように、一般の人は知らなくてもまったく問題ないマニアックな話である。

運転席の上部にある換気扇　換気扇には吸気・排気・

「昨日、お客さんから接客が悪いって苦情をもらっちゃってまいったよ」

と愚痴った。休憩室はこうした愚痴やボヤキが飛び交う、ガス抜きの場所でもある。すると、そこにいた神谷は、

「俺は今まで接客が悪いなんて苦情をもらったことはないよ。お客が何か言ってきたら、にらみつけて脅してやりゃあいいんだ。そうすれば、相手はビビってクレームなんて入れてこねえから」

そう得意げに言う。

神谷は180センチを超える大男で、頭はスキンヘッドだから、たしかに迫力がある。35歳の既婚者で、年齢は下だが、会社に入ったのは私よりも5年ほど早く先輩にあたる。前述のとおり、清原一派の番頭格だ。

清原からは疎まれていた私だったが、この神谷とは時に親しく会話を交わす関係にあった。というのも、入社当初あいさつした際、神谷はざっくばらんな感じで返してくれ、そこから営業所で顔を合わせるうちに話をするようになった。のちにバイク好きという共通の趣味まで見つかり、休憩室で会うと、決まってバイクの話で盛り上がった。見た目のわりにおしゃべり好きで、姿格好はイカつくて

自然風・停止の選択スイッチと、強風・弱風という風量のスイッチがある。また、運転席上部のほか、バス後部の上にも換気扇がある。運転席上部の換気扇を吸気の弱風にして、バス後部の換気扇を排気の強風にすると、車内の空気が流れて換気効率が良い。

も気さくだった。

　神谷とはほかの同僚とともに数名で富士山にツーリングに行ったこともある。富士山の５合目までバイクで登ったのだが、神谷は最後尾を走り、みんなが無事に登るのを見守るという気づかいもしてくれた。

　とはいえ、清原が営業所にいると、神谷はいつもとは打って変わって私によそよそしくなった。親分・清原の目を気にしているのだろう。

　中学校の教師時代のことを思い出した。グループ内でどううまく立ち回るかだけを考えているような生徒がいた。彼は主体性がなく、グループのリーダーがどう振る舞うかをよく見ていた。リーダーが「こんな授業つまんねぇ」と言えば同調し、「こいつムカつく」と言えば加勢した。目ざとく空気を読んでは、つねに自分の立ち位置を変えていた。そんな彼もまた、一対一で接してみれば、気の優しいごくふつうの生徒なのだった。神谷の姿があのときの彼と重なった。人間の本質は年齢を重ねても変わらないものなのかもしれない。

　神谷が席から離れると、ベテラン運転士の佐々木さん*が言った。

ベテラン運転士の佐々木さん
ドライバー歴30年超の大ベテランで、おしゃべり好きの好々爺（こうこうや）。東神バスの前は別の私鉄系バス会社で観光バスの運転士をしており、当時の年収はゆうに１０００万円を超えていたという。２０００年代初頭に行なわれた規制緩和を受けてのバス分社化により、年収は一気に６００万円台に落ちたそうだ。佐々木さんはこうして休憩時間中、バス業界の変遷を面白おかしく語ってくれたのだった。

「神谷君も入ってきたときは素直で一生懸命に頑張っていたのになあ……。つきあってる連中に影響されて、今じゃあ仕事をなめてるよ」

佐々木さんによると、神谷が横浜営業所にやってきて1年後に清原が入ってきた。清原とつきあうようになって、神谷の仕事への取り組み方も変わってしまったのだという。

たしかにこのところ、神谷は問題運転士として何度か注意を受けていた。バスの運転中にイヤホンでラジオを聴いていたり、折り返し地点で発車を待っているとき、バスの中で扉を開けたままタバコを吸っていたりし、それらを乗客や付近の住民から通報されたこともあった。

助役に呼び出されて注意されると、その場では反省*する。だが、休憩室に戻ってくると、

「あーあっ、めんどくせぇ。またくだらないことで注意されちまったよ。やってらんねーよ」

と周囲に愚痴る。

清原とつきあう前は考えられなかった、と佐々木さんは嘆いた。神谷はこの営

その場では反省
助役の呼び出しから戻ってきて、「ラジオのイヤホンコードを見られたのがまずかったんだな。今度からはコードレスイヤホンを使おうっと」と、私たちにおどけて見せた。私は呆れて、声をかけることもしなかった。

業所で清原の色に染められてしまったのだ。そして、一時は親しく交流した神谷と私は、どちらからともなく疎遠になっていった。

某月某日　**喫煙所の密談**：番長派閥に入らぬ者は…

バスドライバーになり営業所に配属されて驚いたことがある。タバコを吸う人があまりに多いことだ。東神バスの横浜営業所は150名ほどの運転士や事務員が在籍するマンモス営業所だが、そのうちの約4割が喫煙者なのである。

高校の教師時代は、喫煙する教員は50名中3名ほどだった。1割にも満たない数である。その3名も肩身が狭いらしく、学校の一番端に設けられた2畳ほどの喫煙室で、昼食後に一服する程度だった。

それに比して、営業所には学校の教室の半分ほどの大きな喫煙所が設けられており、常時誰かしらが紫煙をくゆらせている。タバコは「百害あって一利なし*」といわれるが、運転士が喫煙することの一利を強いてあげるなら、喫煙所で情報

百害あって一利なし
私はもともと喫煙しないうえ、教員時代に保健の先生からタバコの健康被害の話をさんざん聞かされたこともあり、タバコに良いイメージを持っていない。回送運転中のバスの中で喫煙をして停職となった運転士もいる。最低限のマナーくらい守ってほしいものだ。

交換ができることである。

たとえば、「午前中、郵便局前のバス停から乗ってくる年輩男性は、バスに乗ってもすぐに席に座らず、着席前に発車してしまうと、即座に営業所にクレームの電話を入れるから注意しろ」といった情報である。喫煙所ではこういった情報*がつねに共有され、そうしたコミュニケーションの媒介としてタバコが機能している。

愛煙家の清原も神谷も、休憩になれば必ず喫煙所にやってくる。喫煙所や休憩室を牛耳り（ぎゅうじ）、新入社員などを飲み会に誘い、仲間を増やす。

今どきの若者は、同僚や上司から飲みに誘われることを嫌い、無理に誘うものならパワハラだと捉える人も少なくないという。しかし、バスドライバーのほとんどは今どきの若者ではない。20代の人もいるが、ほとんどの人が何らかの職業を経て、中途採用されている。というのも、バスドライバーになるために必要な大型二種免許は、普通免許取得後3年以上経たないと受験資格が得られない。そのため新卒でバスドライバーになる人はほとんどいない。*

また、転職した人の常として、「またすぐに転職するのは避けたい」と思う傾

こういった情報
横浜営業所の営業エリア内のある地域に広域暴力団の組事務所があった。運転士仲間では「あのあたりの黒塗りベンツには気をつけろ」などという情報も交換されているのであった。

ほとんどいない
横浜営業所の同僚に、新

向がある。そうなれば新しい職場の同僚とうまくやっていこうと、清原や神谷を無下にできないのだ。

そんな中、清原や神谷の飲み会の誘いを断り続けた後藤田さんは、清原と神谷に煙たがられて露骨に無視されていた。

針金のような痩身に牛乳瓶の底のような分厚い眼鏡をした後藤田さんの前職は警備員。休日には数十キロものランニングをするのが唯一の趣味だという後藤田さんはそれでも飄々（ひょうひょう）としていた。

「警備員時代も面倒くさい人はたくさんいましたから。そのときも現場のボスみたいなのに目をつけられまして。変なあだ名*つけられたり、大勢で茶化されたり、さんざん嫌な目に遭いましたよ。どこの世界にもお山の大将になりたい人っているんですね。でも、バスの運転士はずっと一緒に仕事をするわけじゃないですから、嫌われたって気楽なもんですよ」

休憩時間に一緒になったとき、私にそう話してくれた。

たしかにバスの運転士は、基本的にはひとりでの仕事である。定期的な班会議で伝達事項の通達や安全教育などが行なわれたりするものの、勤務時間のほとん

卒でバスドライバーになった人が一人だけいた。しかも数少ない女性ドライバーで、彼女は18歳で免許をとり、21歳のときに大型二種免許を取得して、大学を出て新卒で東神バスに就職していた。いわば「エリートバスドライバー」だろう。彼女は6年ほど勤務したが、20代のうちに退社し、別業種に転職した。退社した理由はわからない。

変なあだ名
後藤田さんによれば、かけている眼鏡にちなんで「牛乳瓶」というあだ名がつけられて、そのうち単に「瓶（びん）」と呼ばれるようになったそうだ。「歩くときは壁にぶつからないように気をつけろよ」などと茶化されることも日常茶飯事だったと聞いた。大の大人がすることではない。

どがひとりきりの乗務となる。そういう意味では人間関係に悩まされにくい仕事といえるだろう。

「清原さんや神谷さんを見ていると、中学校のクラスと一緒*だと思いますよ。番長がいて、その子分がいて、派閥を作って、クラスににらみをきかせている。私は学校の先生をしていたとき、そういう子たちを指導して疲れ切っていました」

私は後藤田さんにそう言った。派閥から疎外された者同士が、こうして不思議な絆でつながっている。

「えっ？　須畑さん、学校の先生だったの？　へえ〜、すごいですね」

ずいぶんと感心されてしまった。「なんでバスドライバーに？」という質問が来たら面倒くさいなと身構えていると、

「私なんて、幼稚園・小学校から今までずう〜っといじられるタイプですから。それに学校の先生なんて、基本的にはみんないじる側の味方で、助けてなんかくれませんからね」

後藤田さんの視線が少し厳しくなった気がした。

「いや、須畑さんを責めてるんじゃありませんよ。私みたいな人づきあいの苦手

中学校のクラスと一緒　無理やりプロレス技をかけられたり、授業中に変な質問をするよう強要されたり…。「なんだ、その程度か」と思われる人もいるかもしれない。だがこうしたことが当事者にとっては心に傷を残す深刻な問題だということが、いじめられた生徒と接すればよくわかる。

なタイプはどこに行っても苦労するもんですよ。でも、バスに乗っているあいだは気楽だから、この仕事はホントにいいですよ」

後藤田さんはバスドライバーが天職なのだと笑った。

後藤田さんとは妙に波長が合い、営業所で会うたびに世間話をして、近況を伝えあい、時に愚痴りあい、そして励ましあった。

某月某日　迷子：「月が見えます」

新人運転士は入社後、指導教官にバスに同乗してもらい、路線研修を行なう。

入社後、初めての夜間走行訓練を行なったときのことはよく覚えている。夜間の運転は、目に映る景色が日中とは異なって見える。とくに街路灯や交通量の少ないエリアを走っていると、一瞬、自分が今どこを走っているのかわからなくなる。研修期間中にこういった不安要素を解消しておかなければならないため、バ

スドライバーはあらゆる状況下で走行ルートやバス停の位置を、頭の中に叩き込んでおく必要があるのだ。新人はほかにも覚えることがたくさんあって、アップアップの日々が続くのである。

夜10時、乗務を終えて営業所まで戻ってくると、なにやら事務所の中が慌ただしい。事務所の一角に、大勢の運転士が集まっている。

群集の中心には、管理職にあたる助役が3人いた。誰もが緊張した表情をして、ピリピリしたムードだ。1人の助役が無線機のマイクに向かって何やら話しており、その横では2人の助役が無線機のスピーカーに耳を当てている。

「何があったんですか?」私は近くにいた運転士に聞いた。

「宮戸君がやっちゃったみたいです」

「宮戸君が? 何を?」

「迷子ですって」

「迷子!?」

宮戸君は数カ月前に入社した新人運転士である。つい最近、実務研修を終えて、

単独乗務
新人はまず指導教官について「路線研修」を行なう。ここで複雑な路線を完璧に覚える必要があり、新人だと1~2カ月

単独乗務*に移行していた。

「運行を終えて、回送で営業所に戻ろうとしたら、道に迷っちゃったらしくて」

いくら夜間の景色が日中のそれと異なって見えるとはいえ、大の大人が、それも毎日バスを走らせているエリアで迷子になることなんて、あるの⁉

この当時はＧＰＳ機能*がバスに付いていなかったため、宮戸君から入ってくる無線からの情報が、捜索の唯一の手がかりであった。

助役は無線に向かって問う。

「宮戸君、何か目印になる建物は見えませんか？」

「右手の５００メートルくらい先のところに、団地らしき建物があります。４棟あります」

群衆がざわつく。団地らしき建物？　４棟？　どこだ？

このあたりのエリアには、社宅や市営団地、マンションなど似たような建物がいくつもある。そんなぼんやりした情報では、誰も宮戸君の位置を特定できない。

助役は苛立ちを募らせて、

「もっといろいろあるでしょう。看板でも、信号機でも、公園でも、なんでもい

かかる。その後、実際にバスに乗務して「実務研修」。ここでは運賃収受や接遇、アナウンスを学ぶことになり、２〜３カ月を要する。これらをこなして「見極め」と呼ばれる試験に合格するとようやく単独乗務を行なえるようになる。単独乗務まで早い人で３カ月、遅い人だと半年程度かかった。半年をすぎても「見極め」に合格できず解雇された人も実際にいた。

ＧＰＳ機能
バスにＧＰＳ機能を搭載することで、バス停のデジタルサイネージ（バス運行案内表示）に、バスの到着予定時刻を表示することができるようになった。また、ＧＰＳ機能を駆使し、バスの現在地情報が確認できる携帯アプリも配信されている。時代は日進月歩で進んでいるのだ。

いから見えるものをもっと教えてください！」と語気を強める。

5秒ほど経過したのち、宮戸君からの応答が聞こえた。

「左斜め上空に……月が見えます」

その瞬間、群集の面々は目を見開き、口をあんぐりと開け、互いの顔を見つめあった。そして、示し合わせたようなタイミングで、ドッと笑いが起きた。

助役は、宮戸君がパニックになっていることを考慮し、

「わかった、わかった。それでは、バスから降りて、少し歩いて、商店の看板か、電柱に貼ってある番地の表示を探してください。焦らないで結構ですよ」

さっきまでとは一転、優しい調子で言った。

「わ、わかりました。バスを降りて確認します」

そう言って、しばらく無線は沈黙した。

「あいつ大丈夫かなあ」「月なんてどこでも見えるだろ」「今度は何を見つけるんだ?」「焦って事故*でも起こさなきゃいいけど」……群衆たちは心配半分、楽しみ半分で状況を見守っている。

数分が経ち、宮戸君から無線が入った。宮戸君は「200メートルほど先に、

焦って事故
一般車同様、夜の走行は昼間より視界が狭まるのに加え、バスの場合は車

第二公園前というバス停を発見しました」と嬉しそうに報告した。そのバス停は別会社のバス停だが、重要な手がかりである。助役たちは道路マップを引っ張り出し、営業所までのルートを確認した。

「それでは５００メートルほど前進し、信号機のない交差点を左折して３００メートルほど進んでください。そうすると、信号機のある大きな三橋交差点に着きます。三橋交差点を右折すると、営業路線で使っている郵便局前のバス停に出ますので、営業所まで戻ってきてください。いいですか？」

「了解しました！」

　ようやくこれで解決かとホッとした群衆が四散し始めたころ、またしても宮戸君から無線が入った。

「信号機のない交差点を曲がったところ、配送トラックが停まっていて、横を通るのが厳しいのですが……勝負しますか？」

　勝負？　無線相手の助役は努めて冷静に、

「絶対に勝負してはいけません。バスから降りてトラック運転手を探すか、配送用トラックならそう長い時間停まっていないはずですから、そのまま待ってくだ

内照明が煌々と照っているため、車内の様子がフロントガラスに映り、前方が見えにくくなる。慣れないうちは怖い。

さい」。

結局、ほとんどの運転士が宮戸君の動向が気になり、帰るに帰れず、彼が戻ってくるのを待った。私もそのひとりだった。

宮戸君は無事に帰ってきた。大勢の運転士たちに出迎えられて営業所に帰還する姿は、まるで月面探査から戻ってきた宇宙飛行士のようだった。

「宮戸！　お前、月までどうやって迎えに行けっていうんだよ！」「かぐや姫じゃないんだぞ！」先輩運転士たちが軽口を叩く。

安心感から表情に笑みさえ見られる宮戸君を助役がすぐに呼びつけた。注意と叱責は夜遅くまで続き、回送中の出来事であったにもかかわらず、この騒動は「運行ミス」として扱われることになった。

反省文と再発防止策を書かされた宮戸君は、日付の変わるころ、ようやく帰途につけたという。

人はパニック状態になると、想像だにしない言動をしてしまうことがある。いつもなら平然とできることが、なぜかできなくなってしまう。このときは他人事と笑っていた私にも――。

某月某日　ピンポーン：降車ボタンは誰が押す？

ピンポーン♪

子どもたちは降車ボタンを押すのが大好きだ。次が降りるバス停だとわかると、競い合うようにして降車ボタンを押す。あるいは、降りないのにふざけて降車ボタンを押して、親御さんに怒られ、「ごめんなさい。間違えました」なんて運転席まで謝りにくることもある。

そんな子どもたちがいっせいに集うのが、貸切バスである。東神バスの運転士には「特発」*という業務がある。貸切バスの運行のことだ。たとえば、夏季、プールのない小学校から生徒たちを市民プールへ送り届けたり、町内会主催のゴルフ大会の送迎を行なったりする。

5月の下旬、五月晴れの空のもと、私は地元の小学生の課外授業のため、キャ

特発
特発のバスは、方向幕の表示がバス会社名になっていることが多い。最近は、「児童（生徒）送迎中」や「児童（生徒）送迎バス」という表示も増えてきた。

ンプ場まで送る「特発」を担うことになった。その日の私は、午前中に小学生をキャンプ場に送り、午後は同じバスで路線バスの通常運行をする予定である。課外授業が終わる夕方には、別の運転士が小学生たちを迎えにいく。

朝8時、集合場所の小学校に乗り付け、児童たちをバスに乗せる。出発早々、課外授業にワクワクしている子どもたちはバスの中で大騒ぎだ。先生に「静かにしなさい」と注意されても、話に夢中になって笑い声が絶えない。

すると、やはり、ピンポーンを押したくなってしまう*のである。

ピンポーン♪

チャイムが鳴らされ、みんなが大笑いする。

ピンポーン♪

また子どもたちが大爆笑する。

「やめなさいよ」と先生が注意するが、本気で怒っていないと悟ったのか、

ピンポーン♪

となり、また大爆笑、大騒ぎ。

運転しながらこのやりとりを聞いているうちに、私の中にいたずら心が湧いて

ピンポーンを押したくなってしまう
バス関連のイベントではよくいろいろな種類の降車ボタンを好きなだけ押せるコーナーがある。ピンポーンを押したくなる子どもの習性を意識した催しだが、意外と大人にも人気がある。

きた。

ピンポーンは運転席で簡単に解除できる。運転席で元のスイッチを切ってしまえば、乗客がボタンを押しても音は鳴らずランプも点灯しない。私はこっそりとスイッチを切った。

「あれっ？　あれっ？」と戸惑う声があちこちから聞こえる。「次は僕」とばかりにボタンを押した子どもが、ピンポーンが鳴らず驚いているのだろう。

しばらくすると車内では引率の先生が用意してきた伝言ゲームが始まり、ボタンのことはみんな気にしなくなった。

キャンプ場に着くと、引率の先生が「本当に申し訳ございませんでした。以後、気をつけますので」とわざわざ謝りにきてくれた。「元気があっていいですね」と答えながら心の中でほくそ笑んでいた。スイッチを切ってしまったことは黙っていた。

「特発」を終えた私は、バスを回送にして営業所まで戻った。中休をとってから、通常の運行*に戻る。

通常の運行
通常の運行＝路線バスの運行。東神バスにおける運転士の仕事は路線バス運行が90％ほどで特発が10％ほどの割合だった。

午後の運行をスタートすると、不思議なことが起こった。

一つ目のバス停に近づくと年輩の女性が「降りまーす！」と叫んで、降車の意思を告げてくる。

二つ目のバス停に近づいたとき、高校生くらいの男の子が口頭で「ピンポーン！」と言って、バスの中が笑いに包まれる。

その瞬間、私はハッと気づいた。

なんと、降車ボタンの電源の復旧を失念*していたのだ。降りようとするお客たちは降車ボタンを押しても反応がないため、慌てて「降りまーす！」と叫んだり、「ピンポーン！」と言ったりしていたのであった。

私は車内マイクで、

「申し訳ございません。降車ボタンの電源をつけておりませんでした。今後はピンポーンと言っていただかなくとも大丈夫です」

とアナウンスした。また少し笑いが起こった。

失念
「乗車失念」や「降車失念」など運行ミスの用語としても使われる。このときと似たようなミスをしたことがある。特発のときにハザードランプを切るのを失念して5キロほど走行してしまったのだ。周囲を走っていたクルマはいぶかしく思ったことだろう。

某月某日　副業がバレて……ついに解雇通知

「神谷さんが事故ったの知ってますか？」

休憩時間の雑談中に同僚からそう聞かれた。

「プライベートでクルマを運転していたら、後ろから追突されて、ひどいむち打ちになったんですって。傷病手当をもらって、しばらく休養することになったようですよ」

全然知らなかった。災難なこともあるものだと思ったものの、このところ疎遠になっていたこともあり、わざわざお見舞いに行く気にもならなかった。

それから3カ月ほどがすぎても、神谷は復帰してこなかった。

「むち打ちって治るのに3カ月もかかるのか？」

「よっぽどひどいむち打ちだったんでしょ」

「でも傷病手当って、そんなに長く出るのかよ」

「会社の誰とも連絡をとっていないらしいぞ。何をしているんだ」

同僚たちのあいだではそんな会話が飛び交っていた。なかには「奥さんと離婚してふさぎ込んでいるらしい」といった噂まで聞こえてきた。

神谷とはすっかり疎遠になったとはいえ、一緒にツーリング*までしたバイク仲間である。富士山麓のすがすがしい空気の中をともにバイクで走った神谷の姿がよみがえってきた。神谷のことが心配になった私は、以前訪れたことのある自宅に見舞いに行くことにした。

その日、午前中の乗務を終え、午後に時間ができた私はちょうどいいタイミングだと、神谷の自宅の最寄り駅まで足を延ばしてみた。

駅前で手土産のまんじゅうを買い、記憶を頼りに神谷の家に向かって歩いていくと、あろうことか前方から神谷が颯爽と歩いてきたのである。スキンヘッドの大男だから遠目にもすぐ気づく。

私はあわてて近くのコンビニに入って、身を隠した。ガラス窓の向こうを横切っていく神谷の姿は、どう見てもケガ人には見えない。私は神谷のあとを追った。

一緒にツーリング
バイクマニアの神谷は、私にさまざまなバイクのチューンアップの仕方を教えてくれた。バイクのシート張り替えも得意で、同僚のバイクのシートも格安で張り替えてあげていた。根は良いやつなのだ。

彼の目的地はそのコンビニからすぐの運送会社の事務所であった。

荷物でも引き取りに来たのかと思い、斜向かいの死角から運送会社の出入口を眺めていると、運送会社の作業着を来た神谷が現れた。

神谷は東神バスを休職し、傷病手当をもらいながら、会社に黙って運送会社でアルバイトをしているのである。

東神バスは副業を認めていない。*ましてや実際にはケガは治っているのに、傷病手当をもらいながらアルバイト*をするなんて言語道断だ。会社にバレたら就業規則違反で解雇になるだろう。

私は神谷とは接触せず、手土産を持ったまま駅に引き返した。

この事実を会社に報告すべきだろうか。会社の利益を考えるなら、また法律的・倫理的側面からも、会社に事実を報告すべきだろう。しかし、そうすれば神谷は間違いなくバスドライバーの仕事を失う。このまま見なかったことにすれば、何もなかったことになる。私が神谷の仕事を奪ってしまっていいものだろうか……。

副業を認めていない
バス運転士の最大の敵は睡眠不足だ。副業をすることで休息時間が削られ、居眠り運転を起こしてはシャレにならない。

傷病手当をもらいながらアルバイト
傷病休暇中でもシール貼りなどの内職は黙認してもらえるケースがあるらしい。が、運送会社での勤務というバリバリの肉体労働は、どうみても一発アウトである。

その数日後、私のそんな逡巡（しゅんじゅん）はあっさりと解消されることとなった。神谷の副業が東神バスにバレたのである。

神谷は軽率にも、バイト先の運送会社の同僚に、本業はバスドライバーで傷病休暇中にアルバイトをしていることを漏らしたそうだ。それを聞いた同僚から東神バスに密告があり、すべてが明るみに出たのである。

神谷は会社から解雇通知を受けた。

焦った神谷は、清原に組合としてどうにか対処できないか、と泣きついたらしい。だが、清原は「こんな状況じゃ、組合は何もできない」と突き放したという。

神谷がロッカーの荷物整理にやってきた日、たまたま乗務から戻ってきた私と鉢合わせになった。

こんなかたちで職場を去ることになった神谷に、最後どんな言葉をかけたらいいのか迷った。

「これまでありがとう。神谷さんと仲良くできて、おかげで楽しく働けたよ」

私の言葉に神谷は笑顔を見せた。

「須畑さん、卒業式の先生みたいじゃないですか」

神谷はそう言うと、歩き出した。私はその背中に言った。

「落ち着いたら、またツーリングでも行こうよ」

神谷は照れ臭そうに右手を上げた。

私と数人の同僚だけが神谷を営業所の出口で見送った。夕陽に照らされて、神谷のスキンヘッドは、まぶしいくらいに光っていた。

神谷とのエピソードに教訓めいたことはとくにない。中高年が集うバス会社の運転士のあいだに不思議な友情*が生まれることもある、という話かもしれない。

某月某日　高齢ドライバー：踏み違え事故

赤信号で交差点の手前に停まっていると、コツンとバスの後ろに何かがぶつかる音*がした。

慌ててバスを降り、後方に駆けつけると、乗用車が後部のバンパーにぶつかっ

不思議な友情 その後、神谷はタクシードライバーになったと人づてに聞いた。なお神谷とツーリングに行く約束は今日まで果たせていない。

何かがぶつかる 乗用車同士がぶつかると、ドスンと揺さぶられるよ

ている。乗用車のドライバーは、80歳はゆうに超えているであろう、白髪の男性だった。

最近多い、高齢者によるブレーキとアクセルの踏み間違え事故を疑う。

「大丈夫ですか？」と声もかけるも、男性はハンドルを握ったまま呆然としている。

再度、大きな声で「大丈夫ですか！」と呼びかけると、男性はハッとわれに返り、クルマから降りてきた。

「おケガはありませんか」

「ええ」

「どうされましたか」

「後ろの席の荷物を取ろうと思って後ろを向いたら、クルマが動いてしまって」

男性は申し訳ないという感じではなく、「不可思議なことが起こったものだ」とでも言わんばかりのキョトンとした顔をして突っ立っている。

私は急いでバスに戻り、不安そうな顔をしている乗客に向かって「おケガをされた方はいませんか？」と呼びかけた。10名ほどの乗客は、みな首を横に振って

うな衝撃があるが、バスは車体が大きいため、運転士はその衝撃をコツンと軽く押された程度にしか感じない。あるとき、高速バスの研修を終えて営業所に戻ってきたら、後部バンパーが5センチほど潰れていた。おそらく渋滞時に後方からぶつけられたのだろうが、運転席ではその衝撃すらまったく感じられなかったのである。

高齢ドライバー
2022年5月13日に改正道路交通法が施行され、75歳以上の高齢ドライバーの免許更新制度が一部変更された。現在、一定の違反行為があった75歳以上に「運転技能検査」が課せられ、また全

いる。一安心する。

私は乗客に「お急ぎのところ、すみません。後続のバスに乗車していただきますので、しばらく車内でお待ちください」とアナウンスする。さらに警察に携帯電話で通報し、営業所にも無線で事態を報告する。

そこまで終えると、再び外に出て、高齢ドライバー*の元へ走る。男性はぶつけたことがよほどショックなのか、乗用車のシートに戻り、そのまま放心状態で座っていた。

サイドウィンドウを開けてもらい、男性に名前と住所を聞いてメモしていると、男性は、

「アクセルは踏んでいないはずだよ。ブレーキからちょっと足が離れただけなんだ」

と私に言い訳めいた説明を始める。

「この歳だけど毎日運転しているし、私はうまいんだよ。事故なんて起こしたことないよ。ブレーキもすぐ踏んだんだけど、今のクルマは電子制御だから、機械のトラブルだって考えられるよな」

員を対象に「認知機能検査」が行なわれている。認知症のおそれがあると判断された場合、免許取消または免許更新不可となる。これらの検査を通過後、2時間にわたる高齢者講習を受け、ようやく免許が更新できる仕組みだ。高齢ドライバーの事故はたびたび報道されるが、交通事故件数をみると、じつは「75～79歳のドライバーよりも29歳以下のドライバーのほうが圧倒的に多い」「85歳以上よりも24歳以下のほうが多い」というデータもある（警察庁「令和3年中の交通事故の発生状況」）。高齢者は免許返納をすると認知症になりやすいという研究もあり、また地方ではクルマが生活の足になっていることからも、一概に「高齢ドライバーは免許を返納しよう」といえない難しい問題である。

「わかりました。今はとにかく警察が来るのを待ちましょう」

「フロントのところが凹んでいるね。このくらいの損傷だと、修理代はいくらになるのかな」

「保険が下りるでしょうし、そういう話は警察が来てからにしましょう」

私はイライラしてきた。事故を起こしておきながら、一言の謝罪もなく、自分のことしか考えていない。今はそんなことを言っている場合ではなかろう。

片側2車線の道路が、停まっているバスと乗用車のせいで、1車線に縮小され、渋滞が起き始めている。

私はすぐさま交通誘導を始めた。* 乗用車の後ろに立ち、事故車両のある車線を進んできたクルマを隣のレーンに流していく。白髪の男性に手伝ってくれと言うのは、年齢的にも精神的にも難しそうだった。

10分ほどして、ようやく後続のバスがやってきた。

後続のバスには、すでに営業所から事情が伝えられている。私は後続のバスの運転士に、

「乗客は10名ほどです。これからこちらに移動してもらいます」

交通誘導を始めた
事故を起こしたとき、①乗客の安全確認、②状況把握、③警察への連絡、④営業所への連絡、⑤交通誘導、の順番で対応するように研修で教わった。なお「交通整理」は警察官が行ない、道路交通法に定められた法的拘束力を持つのに対し、「交通誘導」はあくまで協力要

請であり、法的な拘束力はない。


と伝えると、急いで自分のバスに戻り、後ろのバスに乗り移ってもらうよう乗客たちに案内した。乗り移ってもらう際には隣の車線を走行しているクルマにも注意が必要だ。車道側に立ち、安全確保していると、乗客の40代くらいの女性が、

「運転手さんもいろいろたいへんですね。お疲れになったでしょ」

と微笑みながら声をかけてくれた。この気づかいの一言であれやこれやの苦労や苛立ちが一気に吹っ飛んだ。言葉には不思議な力がある。事情を理解してくれたほかの乗客たちも冷静に移動してくれ、苦情やクレームもなかった。後続のバスが無事出発して、ほっと一息つく。

さらに数分後、警察官と営業所からの応援が同じくらいのタイミングでやってきた。交通誘導は営業所からの応援に替わってもらい、私は警察官から事情聴取を受ける。ベテランと思われる警察官から「乗客のケガの確認はしましたか？」と聞かれた。

「はい。しました」

「一人ひとりに尋ねましたか？」

「10名ほどだったので、みなさん全員に向かって聞きましたが」

「そうですか。できれば、一人ひとりに尋ねるようにしてください。あとからケガの申告などあると、補償の問題など面倒なこともありますので」

警察官が言うには、後日、事故が原因だとして、多額の治療費を請求されるケースもあるそうだ。このときは、あとからケガの申し出などはなく、事なきを得た。

白髪の男性は、警察にも「もしかするとクルマの電子制御がおかしかったのかもしれない」などと主張していた。

後日わかったことだが、事故の原因は結局、男性の運転ミスだった。男性が後部座席の荷物を取ろうと振り返ったとき、足がブレーキから離れ、道路もゆるい下り坂だったので、クリープ現象*を起こして前に進み、バスの後方に衝突したのだった。

ケガ人もクレームもなくてよかった。何より混乱の最中、私を気づかってくれた女性の言葉が嬉しかった。

クリープ現象
エンジンがアイドリング状態、ギアがニュートラルかパーキング以外のときに、アクセルを踏んでいなくてもブレーキから足を離すと前進する現象で、オートマ車のみに発生する。同僚の中にはクリープ現象で、停車していた前のクルマに追突し

某月某日　朝っぱらから夜中まで：「開放」と「大開放」

朝6時ごろ、スーツ姿のサラリーマン風の男性が乗車してきたところ、リーダーにかざした交通系ICカードでの支払いは残高不足となった。

「チャージをされますか？」と聞くと、

「1万円札しかないけれど、チャージできますか？」と言う。

「大丈夫ですよ」と言って、腰に付けている小型のバッグから千円札を10枚取り出し、男性が財布から出した1万円札を両替*。彼は千円札でICカードにチャージし、運賃を支払って乗り込んだ。日常でよくある光景だ。

さて、その男性が偶然にもその日の夜11時すぎ、私の乗務するバスに再び乗ってきた。

彼が乗り込んできた瞬間、私は朝のバスで両替をした男性だと気づいた。なぜなら、その男性は頭のてっぺんだけが見事にハゲて光り輝き、その周囲の毛はフ

てしまった人がいる。バスに追突される側もさぞ怖かったことだろう。

1万円札を両替
路線バスの両替機は、紙幣の場合、千円札しか両替できないタイプが一般的。高速バスなら1万円札や5千円札が両替できるタイプもある。そのため路線バスの運転士は、ウエストバッグに千円札を10枚用意して両替に対応している。会社側が用意してくれるのは千円札10枚だけなので、私は念のため、もう10枚を個人的に用意していた。ところが、あるとき、その日3枚目の1万円札の両替の依頼があり、用意していた千円札が尽きてしまった。私は客席に「1万円を千円札に両替できるお客さま、いらっしゃいませんか？」と呼びかけ、乗客に両替してもらい事なきを得た。

サフサという特徴的な髪型だったからだ。

男性のほうはもちろん私のことを気にもかけず乗ってきて、ガラガラだった車内を進み、後ろから2番目の席に座った。

バスが発車し、私がマイクを使って車内アナウンスをすると、男性が座席から身を乗り出しているのが車内ミラーで確認できた。注意して見てみると、男性はどうやら車内ミラー越しに私の顔を見ようとしているようだ。

私のほうからは車内ミラーでバスの車内全体を見ることができるが、お客の席からだと車内ミラー越しに私の顔の全部を見ることはできない。

男性はアナウンスの声質や特徴*などから、「朝と同じ運転士かな」と思ったのだろう。何度ものぞき込むように見ているのがわかる。

そういったことでお客から声をかけられることは滅多になく、だいたいみなさん何も言わずに降りていく。しかし、その男性は終点まで乗車していたこともあってか、降り際に「運転士さん、今日の朝6時ごろのバスにもいなかった?」と話しかけてきた。

「ええ、乗務していました」

アナウンスの声質や特徴
教師として人前で話すことに慣れていたせいか、私のアナウンスは滑舌がよくて聞き取りやすいとよく言われた。バス運転士の中には、それこそ「何言ってんのかよくわかんない」アナウンスをする人もいる。一昔前、地域によってバス停の案内が自動音声ではなかっ

「へえ〜、すごいね！　朝6時からこんな時間までずっと運転しているんだ。俺は朝7時から夜の10時まで働いてもうクタクタだけど、運転士さんはそれ以上だね。体を壊さないように頑張ってね」

男性はそう言って降りていった。心優しい人なのだろう。

ただ、運転士が実際に朝6時から夜11時までずっと運転をしているなんてことはない。もしそうであるなら過重労働で労働基準法にひっかかる。

都市部の路線バスは早朝から深夜まで運行している。

とくにバスは通勤や通学での利用が多く、混み合うので、その時間帯は本数を多くしている。朝の7時から9時まで、夕方5時から7時までの時間は本数が増える。反対に、昼の時間帯は比較的お客が少なく、それにともないバスの本数も少なくなっている。

そうなると運転士の勤務も午前番や午後番だけではうまくまわすことができない。お昼時は運転士があまるし、朝や夕方の混み合う時間帯には運転士が足りなくなる。

たため、運転士のアナウンス内容を聞き取れず、降車するバス停を逃してしまった、というクレームもあったと聞いた。

そういった問題を解消するのが「開放」である。

たとえば朝の6時から10時ぐらいまで乗務し、次は夕方の4時から8時ぐらいまで乗務する。朝夕の混雑時以外の時間、10時から夕方の4時までは、家に帰ろうが買い物に行こうが会社の休憩室ですごそうが何をしてもよい。つまり、この時間は勤務時間ではなく自由時間ということになる。

私たちは、このような仕業を「開放仕業」と呼んでいる。

「開放仕業」には「開放手当*」がつく。仕事をしないで手当がつくのはありがたいのだが、家に帰ってもまた夕方に出社しなくてはならないと思えば、落ち着かない。

「開放」の時間は3~6時間程度でまちまちである。中には朝5~9時まで乗務し、夜8~12時まで乗務ということもある。あいだの空き時間が11時間にものぼるスペシャルなものを「大開放」と呼ぶ。みな、だいたい月に2回ほどはこの「大開放」にあたる。

短い「開放」ならば買い物に行ったり会社の休憩室ですごしたりして時間をつぶす人が多いが、「大開放」となるといったん家に帰る人がほとんどだ。

開放手当
1回につき1200円が支払われた。あいだが3時間だろうが10時間だろうが、手当の金額は同じ。なお「開放」のあいだ、帰宅したとしてその交通費は出ない。

だが、そうもいかない人がいる。同僚の内山さんは通勤に1時間半を要する。本人いわく「家に帰ってひと息ついてまた来なきゃならんのは落ち着かないよ。なんで一日2回も出社しなくちゃいけないの」ということで、「大開放」でも家には帰らない。どうするか？

彼の場合、朝の乗務が終わると営業所に戻って食堂で朝食を食べる。その後、10時半に営業所近くのゴルフ練習場に直行。数時間打ち込み、汗を流す。午後1時すぐ近くのスーパー銭湯に移動してひとっ風呂。2時すぎに営業所に戻って昼食。その後、休憩室の畳の上で昼寝。目が覚めると同僚たちをつかまえておしゃべり……夜7時の次の勤務まで「大開放」を満喫しているのだ。

同僚が「内山さん、大開放なのに、家、帰らないの」と冷やかす。

「うるせえなぁ。昼間に母ちゃんと顔合わせたってロクなことにはなんねえだろ」

この気持ちは私もよくわかる。たしかに昼どき家に帰ると落ち着かない。*妻に昼間っからダラダラしていると思われていないかと余計な心配をしてしまうのだ。

50代、背が小さく、ずんぐりむっくりな浜口さんは、

落ち着かない
近所の目もある。私はバイク通勤のため、家にバイクが停車してあれば、平日の真っ昼間に在宅しているのがご近所に丸わかりだ。「須畑さん、昼間から家にいるけど仕事をしているのかしら」などとご近所に思われやしまいか。いや、思われてもいいのだが、なんとなく落ち着かない。私が古い人間で、「平日の日中、住宅街にいる男は不審者扱いされる」という被害妄想があるからかもしれない。

「俺なんかこの前、風俗店に行ってきたよ。なんといっても料金が夜より安いからね」と休憩室で豪語する。

しかも浜口さんは制服を着替えるのが面倒らしく、上着だけ着替えて、ズボンは制服のままで行くという。

「東神バスの運転士だってバレたらどうするんですか?」と尋ねると、

「どこのバス会社の制服かなんてわかるわけないって。それに別に悪いことしているわけじゃないんだから、バレたっていいんじゃない?」

そのうち上下制服姿で出かける*のではないかと余計な心配をしてしまう。

「開放」のとき、私は会社の休憩室で寝ているか、同僚とおしゃべりしているのが常だ。「大開放」なら、妻に邪魔者扱いされるのを覚悟で家に帰り、眠くならないように昼寝して夜の乗務に備える。昼寝から目覚め、「大開放」の夜の乗務に向かうとき、朝の乗務が昨日のことのように感じられる。一日に二度目の出社は不思議な感覚で、慣れないうちはけっこうきつい。

そんなわけで運転士は、朝から晩までずっと乗務しているのではない。もし、朝イチで乗ったバスのドライバーが、深夜バスに乗務していたとしてもすごくも

上下制服姿で出かける
開放中は勤務時間ではないため、制服の着用義務はない。一方で、3時間ほどの待ち時間ならばわざわざ私服に着替えるのも億劫だ。風俗店はいわずもがな、映画館やパチンコ屋などの娯楽施設へも上下制服のまま行くのははばかられる。それどころか、制服姿でコンビニで昼食を買ったり、喫煙をしたりしているだけで、「バスドライバーがサボってる」と思われる。だから外出時は、制服の上着は着用しなかったり、ジャンパーを羽織ったりしているのだ。

なんともないのである。

某月某日　班長になる：輝けるバスドライバー人生

入社して2年が経ったときだった。乗務を終えて事務所に戻ってくると、ちょうど本社から営業所に来ていた金崎部長に手招きされた。

「須畑さん、副班長になってみる気ない？」

前述のとおり、横浜営業所の運転士たちは12〜13人ほどで1つの班を構成している。研修や業務の伝達事項は班ごとに行なわれる。班を束ねるのが班長で、その補佐が副班長である。

副班長以上で、高速バスやコミュニティーバス*の乗務が可能になる。手当が9000円つく。もちろん、その分の仕事も増える。月1回開催される「班会議」に出席して議事録を作成するなど、班長を補佐する役割を担うことになる。

面倒くさがって断る人もいるが、会社から勤務ぶりを評価された気がして嬉し

コミュニティーバス
東神バスではコミュニティーバスを運転するのは、班長、副班長と、嘱託社員と決められていた。定年を迎えると嘱託として雇用され、コミュニティーバスの専属運転士となるのだ。

かった私は快諾した。

さらに「班長」になったのはそれから2年がすぎたころだ。ドライバーたちの指導役である。新人ドライバーの実務研修に付き添ったり、時には班員からの相談に乗ったりする。

また班長は必ず「班長会議*」に出席しなければならない。「班長会議」にはほかにも、所長、助役が出席し、時には東神バスの本社から役員が参加することもある（社長の参加もたまにあった）。私とほぼ同時期に班長になった、同僚の小月さんは「手当がつくのは嬉しいけど、班長会議だけは面倒で」とよく愚痴っていた。

運転士にはこの班長会議を苦手とする人が多い。口下手だとなおさらだろう。ただ、私の場合は教師をやっていたのが功を奏した。声が大きく、大勢に向かって話すことに慣れていた。最初は緊張していたが、みなきちんと聞く姿勢を保ってくれたので、中学校や高校で生徒を相手に授業していたころとくらべれば、なんとラクだろうと思っていた。ふだんのバス乗務の仕事とは打って変わって、上司や同僚たちとあれこれと議論を交わせる班長会議が私は大好きだった。

班長会議
班長が揃って出席するのが「班長会議」、この班長会議での決定事項などを班員に伝達するために開催されるのが「班会議」。班長会議の議事録作成はおもに助役の仕事で、班会議の議事録作成は前述のとおり、おもに副班長の仕事となっていた。

班長になってまもなく、前職時代の高校の校長から電話がかかってきた。

「須畑先生、元気にやっていますか？」

じつに5年ぶりの声だった。

「じつはね、うちの学校に取材に来た記者の人に、教師からバスドライバーに転職した人がいるという話をしたら、えらく興味を持って。取材したいって言うんですが、いいですかね？」

校長の話では、高校の取材に来た新聞記者に、私の経歴を伝えたところ、記事にしたいということになったのだという。やはり高校の教師からバスドライバーへの転職は、世間的に見ても珍しいことなのだろう。

バスドライバーの仕事が楽しくて仕方ない時期でもあり、その取材を受けることにした。

取材から数週間後、「教壇から運転席へ」と題された記事が掲載された。同僚もみな好意的*で喜んでくれた。

時を同じくして、社内の「優秀運転士表彰制度」*で表彰を受けた。ある助役は

同僚もみな好意的
とはいえ、全員が全員、好意的だったというわけでもない。清原たちが「いい気になりやがって」と陰口を叩いているという話は同僚から伝わってきた。だが、このときにはもう清原一派のことなどどうでもよくなっていた。

優秀運転士表彰制度
無事故・無違反、無遅刻・無欠勤、かつ休日出勤など会社への貢献度、さらにお客の声などを考慮し、東神バスが「優秀運転士」を表彰していた。毎年、営業所ごとに3〜5名ほどが選ばれ、賞状と副賞の商品券をもらうことができた。

「須畑さんはドライバーの鑑だよ」とまで言ってくれた。

ささやかなことだが、班長になったことも、新聞から取材を受けたことも、優秀運転士として表彰されたことも、私にとっては誇りだった。何より憧れていたバスドライバーの夢をかなえ、充実した日常をすごせることは、あのときの選択が間違いではなかったことの証明だった。

このころの私は、バスドライバー人生でもっとも輝いていた*のかもしれない。

某月某日　ミニスカートの中身：深夜、終点にて

東神バスでは、夜11時以降に始発バス停を出発する路線バスを「深夜バス」と呼ぶ。

深夜バスは、車両も運行ルートも通常と同じだが、料金が2倍になる。深夜バスを利用する人のほとんどは遅くまで仕事をしていた人か、飲酒をして帰宅が遅くなった人だ。深夜バスで一番厄介なのが、熟睡した酔っ払い*である。

もっとも輝いていた 「まえがき」で書いたとおり、東神バスに入社して1年目の年収は額面で420万円ほどだった。勤続年数が長くなり、また班長職につき、「特発」も積極的に受けていたこともあって、この時期の

その日、深夜０時15分、終点のバス停に到着して、乗客全員の降車を済ませたと思ったら、車内ミラーに大口を開けて眠っている太ったサラリーマンの姿が見えた。

私は車内の忘れ物チェックをしながら後方に向かい、

「お客さま、終点ですよ」

と声をかけた。しかし、起きない。もう一度大きな声で、

「お客さま！　終点です！　起きてください！」

と言う。けれど、起きない。飲み会の帰りなのか、酒臭い息が漂ってくる。

こういったとき、運転士はお客の体に触れることができない。女性の場合、セクハラと勘違いされる場合があり、男性の場合も財布泥棒などと勘違いされてトラブルになる危険性があるからだ。

そこで私は少々乱暴ではあるが、男性が座る座席を蹴っ飛ばした。経験上、こうするとだいたい起きるのだが、それでも男性は起きない。なかなかの強敵だ。

私は運転席に戻り、冷房を最強にし、冷風の吹き出し口を男性の顔面に向けた。

その上で、座席を揺すったり、蹴っ飛ばしたり、「起きてください！」と叫ぶ。

年収は５９０万円ほどになった。バスドライバー人生で年収も過去最高だった。

酔っ払い
酔っ払いで怖いのは嘔吐。バス車内で嘔吐があった場合、バス運転士は「嘔吐物処理キット」を使用して、速やかに嘔吐物を処理しなければならない。嘔吐物処理キットには、マスクや手袋、靴カバー、ビニールエプロン、嘔吐物凝固剤や消毒剤などが同封されており、応急処置ができる。路線バスでの嘔吐物処理は滅多にないが、夜行バスや観光バスでは珍しいことではない。私も深夜バスの乗務では年に１～２回の頻度でゲロ対応に当たっていた。

数分すると男性はブヒッと鼻を鳴らして目を覚まし、あたりを見回しながら「うー、寒い」と言い降車していった。冷房全開は目覚ましには効果的*なのである。

さらに強者（つわもの）もいた。

8月の金曜日、うだるような暑さの夜だった。メイクが濃く派手な服装をした若い女性は、終点に着いても熟睡したままだった。全英オープンを制した人気女子プロゴルファーに似ている。女性を起こそうと近くまで行くと、私は1メートルほど手前で足が止まってしまう。

なんと、服がはだけて胸元から下着がのぞいており、ミニスカートもまくれ上がって下着が丸見え*のうえ、口からよだれを垂らしている。この状態で彼女を起こしたら、私はあらぬ疑いをかけられてしまうのではないか。不安を覚えた私は、営業所に無線*を入れた。

「ただいま終点に到着しましたが、若い女性のお客さまが泥酔していて、目覚めません。服がはだけてしまっているもので、どう対応したらいいでしょうか？」

目覚ましには効果的
窓ガラスを爪で引っかきギリギリ音を出したり、耳元で手を叩いたりする運転士もいたが、クレームにつながるのでやりすぎは禁物。

下着が丸見え
休憩室の雑談の中で「今日、一番後ろの座席の女の子、パンツが丸見えだったぞ」などという下世話な話をしている運転士もいる。じつは最後列中央の座席は、運転席

営業所にいた泊まり当番の助役からは、

「わかりました。今すぐ人を向かわせるから、お客さまに触れず、そのまま待っていてください」という指示があった。

私は指示どおり、その場で待つことにする。女性のほうは見ない。

すると女性はハッという感じで目を覚ますと、びっくりした様子であたりを見回している姿が車内ミラーに映った。それに気づいた私は２メートルほど離れた場所から「お客さま、大丈夫ですか？」と声をかけると、女性は自らの格好に気づき、あわててヨダレを拭い、服装を整えた。

「すみません。あまりにも眠かったので」と言うと、料金を支払って、せかせかと降りていった。

無事に解決してよかったとバス車内の点検をしていたところ、営業所から事務員*が駆けつけてきた。

「女性はどこですか？」と鼻息あらく言われたので、「先ほど目が覚めて、無事にお帰りになりました」と返答する。

「えっ、そうか……」


の車内ミラーから〝丸見え〟になることがある。くれぐれもご注意ください。

営業所に無線
新人のころ、研修で、運行中わからないことがあったり、判断に迷ったりしたときは営業所に無線を入れるように指導された。何年バス運転士として勤めようが、女性の取り扱い方という点では、男という生物は永遠に初々しい新人なのだ。

営業所から事務員
東神バスでは、夜間、何かあったときに備え、助役と事務員と整備士の３名が泊まりで常駐していた。深夜にも事件は起こる。あるとき、深夜バス

事務員はなぜか残念そうに言った。何を期待して急いで駆けつけてきたことやら。

某月某日 人格者：組織は変わる

私が横浜営業所に入って5年目、土川所長が赴任してきた。元運転士ではなく、東神グループの別会社*からの異動だという。年齢は50歳、童顔で年齢にしてはかなり若く見えるため、全体的に頼りなさを感じさせた。

「私に運転士の経験はありません。それをプラスに捉え、みなさんのご協力もいただきながら、何事もお客さま目線で見ていきたいと思いますので、よろしくお願いいたします」

就任早々のあいさつで土川所長はそう語った。童顔の顔つきとは対照的に、話しぶりや内容から誠実さと謙虚さが感じられ、根が単純な私はそのあいさつだけで好感を持った。

のドライバーが終点の2つ前のバス停で乗客がすべて降りたと思い、終点まで行かず営業所に戻ってきた。これ自体もルール違反なのだが、さらにマズイのは酔っぱらって座席に横になって寝ていた乗客がバスに残っていたことだ。乗客を起こし、丁重に詫びたうえ、社用車で自宅まで送り届けることになった。

東神グループの別会社
東神グループには、バス部門以外にも鉄道・スーパーマーケット・ホテル・不動産部門がある。土川所長はリゾートホテル部門からの異動だった。

しかし、ほかの運転士の中には「運転士の経験もないくせに何ができるんだ」といった声もあった。清原一派はその急先鋒だった。運転士のことは運転士にしかわからない、と思っている人は意外に多い。

土川所長は、社員をよく見ており、それぞれの経歴などを記憶していて、運転士のことを知ろうと努力していた。営業所の階段ですれ違ったとき、「須畑さんは以前、先生だったそうですね。アナウンスがうまいと聞いていますよ」と話しかけられてびっくりしたことがある。運転士一人ひとりに積極的に話しかけ、営業所に溶け込もうとする意思が感じられた。

土川所長は定時である9時の1時間以上前には出勤した。クルマなら30分ほどの距離に住んでいたが、お客の目線を知るためといって、電車とバスを利用し1時間以上かけて通勤していた。これを毎日続けているのだから頭が下がる。

台風が接近しているときや大雪が降りそうなときは帰宅せず、営業所に泊まった。所長として、緊急時*に即座に判断や対応をするためだ。私が知っている所長の中にそれまでこんな振る舞いをした人はいなかった。

あるとき、土川所長が班長会議でこんな提案をした。

緊急時
天候に関する情報収集のほか、必要に応じて土のうの設置や融雪剤撒きなど、台風・大雪の前夜は仮眠を取る暇もないほどの大忙しとなる。

「これからは、乗降車時、お客さま一人ひとりにあいさつをしていただきたいと思います」

「出発時や終点への到着時にはきちんと車内アナウンスをするわけですから、今のままでいいじゃないんですか」

宮村班長が言った。会議でも活発に意見する、発言力のある班長だった。それまであいさつはドライバーにまかせられ、いつどのようにするかはドライバーごとに違っていた。宮村班長の目は「そんな面倒なことをしなくても」と語っていた。

ふだんは柔和な土川所長がこのときは毅然として言った。

「この時代、われわれは接客業としてお客さまへの接遇は欠かせません。ぜひご協力ください」

その迫力に宮村班長が押し黙った。私は営業所に新しい風が吹き込んでくるのを感じていた。

数カ月が経つうち、運転士たちも所長の言うことを素直に聞くようになった。「ドライバー経験のないよそ者」として見くびっていた人たちもだんだん少なくなっていった。その結果、営業所の雰囲気が変わってきた。ドライバーの多くが、会社を良くしていこう、会社のために頑張りたい*という気持ちでまとまっていくのが実感としてわかった。

　このころになると、清原一派も営業所内で肩身の狭い存在になっていった。営業所を良くしていこうという気持ちで働く運転士が増えたことにより、いい加減に仕事をこなす「お山の大将」に居場所はなくなっていったのだ。土川所長が赴任して1年半後、清原は志願して別の営業所へ異動していった。

　私は、信頼できるリーダーによって組織が劇的に変わることを身をもって知ったのだった。

会社のために頑張りたい　「上司のため」＝「会社のため」という意識が働く。多くの運転士も私と同様に、土川所長に迷惑をかけるわけにはいかないという気持ちになったためか、土川所長が来てから事故も運行ミスも減っていった。

某月某日　あとの祭り：経路間違いしたときは…

　路線バスには、さまざまな行き先がある。右折や左折を繰り返すなど経路が複雑だったり、同じ行き先であっても、経由地が異なる場合も珍しくない。

私はこの仕事に就く前、こんなに複雑な道をナビも使わず間違わずに走る路線バス運転士はすごい、と尊敬していた。

では、運転士たちは道を間違えることはないのだろうか。

もちろんある。私自身、何度かやってしまったのだ。

その日、横浜駅のバスターミナル*を出てすぐ左に曲がらなければいけないところを、逆方向の右に曲がってしまった。一つ前の運行が駅を出て右折だったので、次の運行も思い込みで右に曲がってしまったのだ。

路線バスの運転士は、同じルートを何度も繰り返し運転しているわけではなく、とくに都市部はいろいろなルートを走っている場合が多い。たとえば、A地点からB地点経由でC地点へ行き、C地点に着いたら折り返しD地点を経由してA地点に戻り、次はA地点からE地点を経由してF地点へ向かう、といった具合である。同じ交差点を通るときも、直進する場合もあれば右折や左折する場合もあるのでルートを間違えやすい。

そのときは右に曲がってすぐに経路間違いに気づいた。気づいた瞬間、心臓がギュッと縮み上がり、冷や汗が出てきた。すぐさまバスを路肩に停め、ハザード

横浜駅のバスターミナル 横浜駅には、西口バスターミナルと東口バスターミナルがある。そこに横浜市営バス、相鉄バス、神奈川中央交通、京浜急行バスなどが乗り入れている。2023年2月現在、全社あわせると、西口には46系統、東口には36系統があるようだ(系統の数は随時変更される)。つまり、横浜駅前はバス停とバスだらけなのである。

ランプを点けた。

私は車内マイクを使い、「申し訳ございません。左折すべきところを、右折してしまいました。ルートを確認しますので、少々お待ちください」と乗客に謝罪した。無線で営業所に連絡し、迂回ルートの指示を仰ぐ。

「ええ」「なんで?」などと車内がざわつく。乗客全員の視線が私に集中している気がしていたたまれない。針の筵（むしろ）とはこのことだろう。

経路間違いをしてしまったとき、自分の判断でバスを動かしてはならない。必ず運行管理者の指示を仰ぐ*必要がある。大型バスは乗用車と違って車体が大きいからUターンなどできないし、仮にできたとしても危険だからだ。公共交通機関の乗り物が一般車両に迷惑をかけるわけにはいかない。

多くの場合、「右折・右折・右折」や「左折・左折・左折」などで間違えた地点まで戻り、再度そこから正規の路線を運行していくことになる。

このときも運行管理者である助役の指示で、右折を繰り返して元の位置に戻り、5分遅れで正規ルートでの運行を再開したのだった。幸い乗客からクレームは入らなかったものの、経路間違いをした場合、営業所に戻ってから反省文・再発防

運行管理者の指示を仰ぐ
これはあらゆるバス会社に課せられている義務である。路線バスは、国土交通省に届け出た経路に従って走行することが「道路運送法」で義務づけられている。また、お客がいないからと、終点に至る前に運行をやめるのも違反だ。実際、運転士が運行をサボっていたことが発覚した事業者が、行政処分を受けた事例もある。

止策を書かなければならない。

経路間違いは、「運行ミス」の中の一つに数えられる。運行ミスの中には経路間違いのほかにも、降車失念*、早発、遅発*などがある。

ルートを理解していても、こうした一瞬の気のゆるみが経路間違いにつながることもある。経路間違いをして、アナウンスで事情を説明してお詫びした際の、あの車内の雰囲気。今、思い出しても身が縮む思いがするものである。

某月某日 バイク事故：家族との溝と絆

早番の勤務が終わり、午後3時ごろ横浜営業所からバイクに乗って帰宅途中だった。

国道の交差点で直進していたところ、対向車が無理やり右折してきた。私はとっさに急ブレーキをかけた。バイクはバランスを失い転倒して路上を横滑りし、私を乗せたまま対向車の左側面に激しく激突した。

降車失念
降車ボタンが押され、降車ランプが点いているにもかかわらず、バス停を通りすぎてしまうこと。会社によっては「バス停通過」ともいう。私は12年間の勤務で4回の降車失念をした。営業所全体では、平均して月に2回程度発生する。

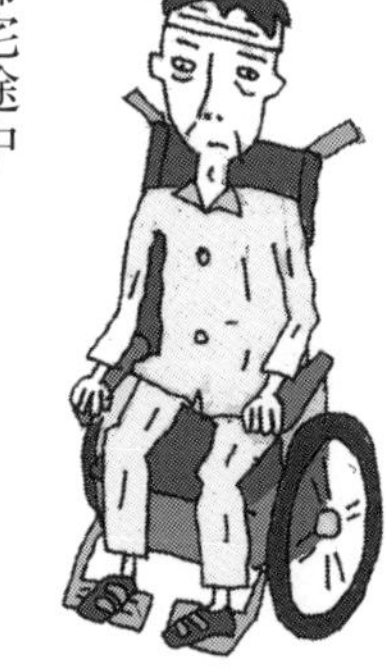

遅発
始発バス停にて自分の不注意で出発が遅れてしまうこと。たとえば、寝すごしや同僚との会話が盛り上がって発車が遅れたりすること。

あまりのショックに頭が真っ白になった。不思議なことに痛みはなかったが、しばらくその場から動くことができなかった。

救急車に乗せられると、腰のあたりの服が引きちぎれ、流血で汚れているのが見えた。血を見た瞬間、右の腰に激痛が走った。

近くの病院に救急搬送されて検査をすると、右の腰骨が複雑骨折していることが判明した。すぐに手術しなければならない大ケガだが、あいにく手術の予約が埋まっており、最短でも10日後*になると医師は言う。

そうこうするうちに、妻と次女が病院に駆けつけてくれた。

「よかった。とにかく命に別状がなくてよかったよ」妻はほっとした表情でそう言った。

「パパは意外と運がいいからね」娘は安堵したように微笑んだ。

痛み止めで痛みが落ち着いていたこともあり、二人が私の体を気づかってくれたことがなんだか嬉しかった。

手術についての説明を受ける際、担当の医師は淡々と告げた。

最短でも10日後
私が担ぎ込まれたのが金曜日。搬送された病院では月曜日しか外科手術を行なっておらず、週明けの月曜日は予約でいっぱいだから、10日後の翌週の月曜日に、ということだった。もちろん応急処置はしてもらっていたものの、後述のように病状が深刻だったこともあり、手術までの日々は不安で仕方がなかった。

「複雑骨折のため難しい手術になります。神経が傷ついていた場合、術後に後遺症が残り、車椅子生活になる可能性も否めません。また、手術がうまくいったとしても、走るどころか、ふつうに歩くときにも障害が出るかもしれません」

車椅子生活になってしまったら、バスドライバーの職を失うことになる。わが家はどうなってしまうのか。家族はどう思うだろうか……。

手術までの10日間、ベッドから起き上がることも寝返りを打つこともできない私は、ただただじっと天井を見つめるだけだった*。夜9時の消灯時間がすぎると、暗闇の中、幾多の過去が想起され、自然と涙が溢れてくる。

私は、中学校の教師をしていたとき、同じ中学校に事務職員として来た妻と初めて出会った。彼女の真面目な仕事ぶりに感心して、思い切って吹奏楽コンサートに誘ったのだった。二人とも音楽が大好きで、結婚後には、長女と次女にも小さいころからピアノを習わせていたっけ。小学生の子どもたちと、家族4人でコンサートを聴きに行ったっけ。

あれから20年以上の歳月が流れて、長女は結婚して家を出た。次女は大学を卒業してＩＴ企業に就職したものの、激務がたたり、体を壊して退職し、家に引き

＊ただただじっと天井を見つめるだけ
今思い返してもつらいことばかりだが、一つだけ良いことがあったとすれば、読書の時間がたっぷりとれたことだ。私の好きな地図や地理関係の本、そして長編小説など手当たり次第に読んだ。このときには松下幸之助の『道をひらく』や本田宗一郎の『夢を力に』など企業経営者の本もよく読んでいた。

こもりがちになっていた。そして、妻とのあいだには、私がバスドライバーになるというわがままを貫き通して以来、目に見えぬ「溝」のようなものが生まれていた。以前のように家族みんなで食後に音楽を聴きながら団欒（だんらん）することもなくなった。

私は絶対に回復してバスドライバーに復帰しなければならない。それがバスドライバーになるというわがままを通した私の、家族に対する最低限の務めだ。なつかしい記憶や、不甲斐ない今の姿、家族の顔……そんな取り止めのないことが頭の中をめぐり、涙が出てはティッシュで拭きとる。なんともやりきれなく、苦しい時間だった。

10日後、手術が行なわれた。手術時間は５時間に及んだ。術後、医師から伝えられた。

「手術は一応成功しましたが、右腰には７本のチタン製ボルトが埋め込んでありますす」

ボルトは一生、体の中に入ったままらしい。

術後1週間は寝たきりだった。寝たままリハビリを開始*した。

「リハビリを頑張れば、またバスに乗れる体になれますよね」と医師に尋ねた。

バスドライバーに戻ることが私の支えだったのだ。医師は「頑張れば、その可能性は少しだけあります」と言った。「少しだけ」という言葉が引っかかり、心がふさいでいった。

事故は通勤中の出来事だったため、会社から労災*が下りた。そのため当面の生活には苦労しないが、もしバスに乗れなくなったらどうすればいいのだろう。「溝」を感じていた妻も見舞いの際にはできるだけ明るく接してくれ、バスに乗れなくなったらなどという悲観的な話はしなかった。私はなんとしても彼女の不安を解消してやらねばならない。

リハビリを開始した私は、2週間で車椅子に乗れるようになった。回復の実感がリハビリに精を出すことにつながった。通常なら足上げ20回のところを40回するなど、自発的に2倍3倍の量をこなした。

しだいに松葉杖での歩行ができるようになり、事故から89日後、ついに退院す

寝たままリハビリを開始
術後すぐのリハビリは、筋力の低下を防ぐためのものが中心だった。たとえば、寝たまま足を伸ばした状態で、片足を少し上げて5秒止める運動。これを繰り返すことで、太ももの筋力や腹筋が衰えないようにしていた。

労災
労災には「業務災害」と「通勤災害」の2通りがあり、私のケースは後者に該当する。細かな差異はあるが、両者とも労災発生日の「前3カ月間の給与の平均額の80%」が支給される。

ることができた。手術を担当した医師は驚いた。

「バスに乗れる体になれますよね」私はもう一度質問した。

「なれるかもしれません」

以前の言葉を忘れてしまったのか、無表情で医師が告げた。

自宅に戻ってからも通院しながらのリハビリが続いた。そして事故から９カ月を経て、私はバスドライバーの仕事に復帰することができた。

バスドライバーに復帰する直前、妻と次女が快気祝いとして、私をクラシックコンサートに誘ってくれた。それは妻と初デートのときに聴いたエドワード・エルガー作曲の行進曲「威風堂々」だった。この曲を聴きながら、生涯をかけてバスドライバーをまっとうする、私はあらためてそう心に誓ったのだった。

第3章

バスドライバーだって人間だもの

某月某日　**新所長、着任**：「やる気あんのか！」

営業所長を務めていた土川所長が異動することになった。東神グループの別会社に行くことになるという。バスとは無縁の職種から、バスの営業所長に就任し、組織を変えたころには、また別の職場*に異動になる。土川所長なら、きっと次の職場でも力を発揮するだろうが、組織人の難しさ、哀しさを感じたのだった。

後任の所長は俳優の梅宮辰夫にそっくりの佐山氏だった。顔も体つきも似ていて、おまけによく日焼けしているものだから、本人もそのことを意識しているのかもしれない。土川所長とは違い、彼は東神バス一筋、ドライバーからの叩きあげで、異動前も別の営業所の所長だった。

就任早々の班長会議の冒頭、佐山所長があいさつした。就任のあいさつで自分の経歴を語るのはおかしいことではないが、彼の場合はそれが長く、さらにそのほとんどが自慢話*だったのである。

別の職場
異動先は当時東神グループが力を入れて、売上げも右肩上がりだったビジネスホテル部門だった。土川所長の力量を考えれば当然だが栄転である。

最初のうちは、しっかり聞いていたが、10分もするとだんだん疲れてくる。20分をすぎたころには、いったいこの人は何を言いたいんだろう、という疑問符で頭がいっぱいになる。30分をすぎると、いつ終わるのかが気になり、40分がすぎたころにはなんでもいいから一刻も早く終わってくれと心底祈っていた。佐山新所長のあいさつは結局、45分も続いた。

あいさつの内容は頭に残らず、前の所長とくらべて今度の所長は癖があって難しそうな人だなと感じた。

佐山所長は十数年前、この営業所に助役として勤務していたらしく、古くからいる班長の何人かと親しげに会話を交わしていた。

親しげに会話するのはまったく問題はないのだが、その内容がいただけない。

「江藤班長は元気そうだね。やっぱり今も、毎朝『おはようございますぅ〜』って入ってくるの？」

そう言って、声が甲高い江藤班長のあいさつを小ばかにしたように物真似した。

江藤班長は苦笑いし、ほかの班長たちの何人かは追従（ついしょう）笑いをしていたが、私は笑えなかった。

自慢話
自分はいかに有能で、それゆえどれほど早く出世できたか、というのが話のメインテーマだった。教員時代、朝礼などで校長の長い話にうんざりしたこともある。とはいえ、佐山所長のように自己語りに終始する校長など日本全国を探してもいないだろう。

江藤班長は、バカがつくほど真面目な人で、私が入社間もない新人運転士のころ、よく教えてもらった。自分より年下の人に対しても、言葉づかいは丁寧だし、物腰もやわらかい。困ったときに相談して、助けてもらったし、その人柄を尊敬*していた。

会議の後、江藤班長に、

「あんなにおおげさな物真似、気にされないでくださいね」と伝えた。

「いやぁ、別に僕は気にしてませんし、大丈夫ですよ」

本人はそう言うが、上に立つ人間が部下に、このような態度をとることが私には許せなかった。

佐山所長が着任して数週間が経つと、さまざまなことがわかってきた。佐山所長は、運行ミスや事故が起きたとき、当事者の言い分はほとんど聞かず、一方的に怒鳴りつけた。その怒鳴り声は、事務所から15メートルほど離れた休憩室まで聞こえてきた。

「何をやってるんだおまえは！　やる気あんのか！」

人柄を尊敬
私が新人だったころ、バスの路線を覚えるために、自家用車で運転してまわったことがある。そのとき、当時副班長だった江藤さんは休日を犠牲にして、私につきあってくれた。その献身ぶりに頭が下がった。

「おまえなんかもうやめちまえよ！」

この時代にそんな言葉*を平気で使った。

「ドライバーのとき、バスガイドのおねえちゃんに一発やらせてってお願いしたことがあってよぉ」

班長会議ではそんなことを言って下卑(げび)た大笑いをした。

私を含め、苦々しく思っている人は多かったが、表立って反発する人は誰もいなかった。要領がよく「所長、所長」といって媚びてくる人を優遇し、まじめで大人しいが媚びない人を冷遇した。実際に権力を持っているだけに、清原や神谷よりもタチが悪かった。

某月某日　バカップル：別れのロケ地

「8時ちょうどの〜　あずさ2号で〜　私は私はあなたから〜旅立ちます♪」

この時代にそんな言葉
佐山所長に話があり、事務所に行ったとき、「今、忙しいから。シッシ！」と手振りつきで追い払われた。私は犬じゃありませんよ！

言わずと知れた名曲「あずさ2号*」の歌詞である。

電車や駅はよく映画などの別れのシーンの舞台として使われるが、バスもまた別れの舞台装置となることがある。

日曜日の夜、駅に向かうバスを運行していると、バス停で10代のカップルが待っていた。バスを停車させ、中扉を開き、「横浜駅行きです」とアナウンスするもなかなか乗ってこない。両手を握り、見つめ合ったままである。

あれ、乗らないのかなと思い、「扉が閉まります」とアナウンスすると、女の子のほうだけピョンと飛び乗った。

けれど、まだ二人はつないだ手を離さず、見つめ合ったままである。

するとあろうことか、外にいる男の子は女の子をグッと抱き寄せて、チューをした。そんなところでチューをされたら、扉を閉めることができない。扉付近に人が立つとセンサーが反応して、閉めようとしても自動的に開いてしまうのだ*。

ほかの乗客たちは「こんなところで何やってんだよ、このバカップルは」という冷ややかな目で見ている。もちろん私もその一人だ。そういうことは家で済ませてきてほしい。

あずさ2号
1977（昭和52）年、狩人が歌ったヒット曲。実際にJRでは2020年まで「特急あずさ2号」が運行していたが、ダイヤ改正にともない現在は運行していない。

自動的に開いてしまう
また降車時に扉付近に人が立っている場合もセンサーが反応し、逆に扉が開かなくなる。ステップがあるバスが減り、ノン

女の子は大きなスーツケースを持っているから、もしかするとこれから電車にでも乗って遠くに行ってしまうのかもしれない。だとすれば、別れを惜しむ気持ちもわからないでもないが、舞台はバスの乗降口じゃなくてもいいだろう。

私は車外マイクの音量を大きくして、

「扉が閉まります！　お下がりください！」

強く催促した。すると、二人はようやく離れ、扉を閉めることができた。

女の子は交通系ＩＣカードをタッチすると、一目散に最後方の席*に向かった。

バスが動き出すと、まさかの事態が起きた。

なんと、バスを追って、男の子が歩道を走り出したのである。左のサイドミラーで確認すると、男の子が何やら叫びながら、手を振っている。女の子のほうもそれに応え、最後方の席から窓越しに大きく手を振っている。

こんなドラマのようなシーンを生で見せられると、主人公の二人が盛り上がれば盛り上がるほど、エキストラである運転士の私やほかの乗客たちは「こいつらアホとちゃうか」と白けた気持ちになってくる。

男の子は10メートルほど後方を走っている。バスもスピードをあげる。早々に

ステップバスが増えてからこのようなトラブルが増えたという話も。混雑時などは仕方ないが、運転士としてはできるだけ扉の近くに立たないでいただきたい。

最後方の席
なかにはバス車内でキスをするカップルもいて、こういう場合もたいてい最後方の席に座る。ほかの乗客から見えない位置を選んだつもりだろうが、車内ミラーがあるので運転士には丸見えである。

あきらめるだろうと思っていたが、若さゆえか、それとも彼女への愛の強さか、100メートル以上、粘り強く追走してくるではないか。

もうすぐ次の交差点、信号は赤だ。ここで止まれば、男の子に追いつかれてしまうかもしれない。

「早く青に、青になれ!」

私は祈った。

祈りが信号機に通じたわけでもないだろうが、信号は赤から青に変わった。その瞬間、私はアクセルを踏み込み、一気に男の子を引き離しにかかった。少し進んでサイドミラーで確認すると、彼は立ち止まり、手だけを大きく振っていた。

その後も後部座席から彼のほうを見ている女の子の姿を見ていたら、自分がずいぶんと大人気ないことをしたような気になってきた。

若者の最後の別れくらい、もう少し温かな気持ちで見守る余裕があってもよかったのだろうか。

バスを「別れの舞台」にするのはカップルだけではない。*

カップルだけではない 犬を抱いたお母さんとそ

日曜日の昼下がり、腰の曲がった白髪のおばあさんが乗り込んでくると、バスの外では中年男性が「それじゃあ、気をつけてね」と言って、手を振っている。おばあさんも名残惜しそうに手を振り返す。

田舎から久しぶりに息子を訪ねてきたのだろうか。何歳になっても親が子どもを思う気持ちは変わらないのだ、などと想像が膨らむ。もちろん、二人の関係性などはわからないので勝手な妄想にすぎない。でも、そんな妄想も少し楽しい。

ある日の夕方には、幼稚園くらいの子どもを連れた妙齢の美女と、50代後半と思われる恰幅のよい男性の別れ。バスに乗り込んだ女性は男性の姿が見えなくなるまで手を振っていた。女性と男性にはかなりの年齢差がある。この時間帯に別れるなら、夫婦ではなく、不倫関係かもしれない。ワケあって一緒に暮らせず、月に一度だけ子どもを連れて彼に会いに行く……余計な妄想はとどまることをしらずに広がっていく。

彼ら、彼女らが扉付近で別れを惜しんでいても、心を鬼にしてバスを発車させなければならない。もし運転士がバスを発車させなければ、この人たちはいつまでもいつまでも別れを惜しんでいるのだろう。

の娘と思われる女性がバス停で待っていた。乗り込んだのは娘さん一人で、涙ながらにお母さんが抱いた犬との別れを惜しんでいた。ステップに乗ったまま「ミミちゃ〜ん」と泣きながら犬を撫でている。別れを惜しむでもなく、そっぽを向いたミミちゃんの顔が記憶に残っている。

某月某日　バスを止めるな：おかしな人の、おかしな質問

小田急線の大和(やまと)駅のロータリーから出発し、最初の交差点に差しかかろうとしたときだった。

髪の長い女性が歩道から道路に飛び出てきて、行く手を阻むように手を振りながらバスを止めようとする。まだかなり若い。現代風のファッションで、20歳そこそこではないだろうか。

緊急事態なのだと思い、女性の前でバスを止め、前扉を開けた。

「どうしましたか？」

「W駅に行きたいんだけど、ここから駅までバスだと何分ぐらいかかるの？」

一瞬、なんのことを言っているのか質問の意味が理解できなかった。駅まで何分？　それって道路に飛び出してきて、聞くことだろうか。

「……だいたい30分ぐらいかかりますけれど」

不思議に思いながらそう答えると、

「料金はいくら？」

「……２５０円です」

ここは駅のロータリーを出て最初の交差点に向かう片側一車線の主要道路である。信号もない道路上で突然バスが停車したため、後ろのクルマは追い抜くことができず、後方でそのまま停車している。

「それじゃあ、W駅まで電車で行くとどのくらいかかるの？」

女性は平然として質問を続ける。

私としては、後ろのクルマに迷惑がかかってしまうので、とりあえず左ウインカーの点滅からハザードランプに切り替えた。

「……10分ちょっとじゃないですか」

「電車ならいくら？」

女性は、お客を乗せた路線バスを止めたという意識[*]がまったくなく、表情も変えずに次々と質問をしてくる。

腹が立つよりも、なぜ彼女は運行中のバスを強引に止めてまで、このような質

お客を乗せた路線バスを止めた

運転中のバスを止められたことはほかにもある。バス停まであと１５０メートルほどの市道を走行中、学生風の男性が道路に飛び出してきた。バスを止めると慌てた様子で前扉を叩く。扉を開けると、息を切らせて「すみません。乗せてもらえませんか」と言う。どうやら急いでバス停に向かう途中、後方からやってくるバスを見つけ、このままでは間に合わないと判断して道路に飛び出してバスを止めたようだ。扉を開いて話を聞いてしまった以上、断ることはできず、「本来はこういうことは絶対ダメですからね」と注意して、今回限りと約束のうえで乗車してもらった。

問をしてくるのか理解できなかった。*駅で停車しているバスのドライバーか、バス案内所で聞けばいいのに……。

電車の料金はわからないと答えると、「あっそ」とだけ言って、スタスタと駅のほうへ歩いていく。バスの後ろには渋滞が起き、駅のバスロータリーから後続のバスも出られない状況になっている。

はたから見たら、バスの故障か、前扉を開けて運転士が女性と話しているからなんらかのトラブルと思われるだろうが、女性はW駅まで電車とバスではどちらが早くて得なのかを聞きたかっただけなのだ。彼女は周りが見えておらず、自分のことしか考えていないのだ。もし同じことを電車の運転士にしたら、たいへんなことになることは、彼女にも理解できるはずだ。バスだって公共交通機関だということをよく理解してほしい。

この話を営業所で同僚にしたところ、数名が「自分も似たようなケースがあった」と言う。

河原君はバスドライバー歴5年の30代の既婚男性。彼はバス停から乗ってきた女性客に突然、年齢を聞かれたという。何かと思いながら答えると、続いて「ど

理解できなかった
その理由の一端は「制服」にあるのではないかと思うことがある。バス運転士もそうだが、タクシードライバーや交通誘導員など、「制服」を着ている仕事を侮っている人は一定数いる。警察組織でも、キャリアは背広組、ノンキャリアは制服組と呼ばれる。制服を着ている人は「なんでも屋」で、無理難題を押しつけてもいいという意識が働くのではないか。元施設警備員の同僚・後藤田さんにこの考察を聞かせてみると、「警備員時代はもっとたいへんでしたよ」としみじみ語っていた。

このバスの年式は何か
時にバスマニアが乗ってくることもある。同僚は、カメラを首からさげた中

こに住んでいるの？」と聞く。これでおかしいと思い、「乗務中なのでお答えできません」と言うと、女性はそのまま乗車したのだが、降りていく際に「連絡先、教えてくれない？」と言われたという。いわゆる逆ナンパというやつだ。竹野内豊似でイケメンの彼は「怖くなって断りました」と教えてくれた。

ここまでひどくはなくても、バス停でいろいろなことを聞かれ、運行が遅れてしまうことはよくある。

行き先や停車するバス停、経由地の質問ならまだしも、このバスの年式は何か*とか、他社のバスの経路などを聞いてくる人もいる。

バス案内所で聞くかネットで調べればと思うのだが、平気で営業運転中のバスに聞いてくる。これも、お客さま第一主義の弊害なのかもしれない。

某月某日　おごり：所長はご満悦

休憩のため営業所に戻ってくると、玄関前に佐山所長が立って、人待ち顔であ

*学生から「このバスは富士重ボディですね？」と話しかけられたという。富士重工製のバスボディとは、富士重ボディのことで、戦後、中島飛行機（日本軍向けに多くの軍用機を開発・製造した航空機メーカー。終戦後GHQにより12社に解体された。富士重工業・現SUBARUの前身）の技術者が作ったバスボディ会社である。同社は需要の冷え込みもあり、2003年にバス製造事業から撤退してしまったこともあり、このボディは都市部ではほとんど見られない。つまり希少なバスであり、バスマニアの中学生はそれに気づいて、運転士に話しかけたわけだ。同僚も「乗務中でお答えできません」とでも言えばいいものを、嬉しくなって、「よく知っていますね」と答えてしまったという。

る。

「所長、なぜそこに立たれているのですか？」と私が聞くと、

「なんだっていいだろ」と例によって不機嫌である。触らぬ神に祟りなし。私は黙って営業所の中へ入った。

少しすると社用車のワンボックスカーが営業所の敷地に入ってきた。社用車に佐山所長が駆け寄っていく。中から現れたのは東神バスの社長だった。

佐山所長は腰を直角に曲げて迎えると、揉み手をせんばかりに社長を先導し、応接室へと案内していった。

社長が帰る際も、玄関まで見送り、社用車が見えなくなるまで直角に頭を下げている。自動車のディーラーがお客の運転するクルマの出庫の誘導をし、クルマが見えなくなるまで頭を下げるという光景を見かけるが、まさにそんな感じであった。この時代、見事なくらいにゴマをする所長の後ろ姿がおかしくて仕方なかった。

その数週間後、今度はバスの折り返し地点に佐山所長と山岸助役、私を含めた

班会議
班会議では、班員たちからさまざまな要望が出される。「開放手当をアップしてもらえないか」「シフトがきつすぎるので余裕を持たせてほし

班長10名が「視察」に行くことになった。

月1回の班長会議の時間を使って、バスの安全運行の妨げになりそうな場所の「視察」が年3回ほど行なわれる。このときは道路が狭く電柱が出っ張っているため、電柱とバスとの接触事故が多発している場所だった。班長たちが現地を歩いたり、回送バスで走行したりして状況を確認しておき、後日、班会議*で班員と共有するのだ。

視察が終わったところで、佐山所長が山岸助役にお金を渡し、大声で言った。

「これで班長たちにジュースを買ってやれ！」

山岸助役は、千円札2枚を受け取り、班長一人ひとりに自販機から好きなジュースを選ばせ、お金を入れてジュースを買った。ジュースを班長たちに渡す際、「これ、所長のおごりだから、所長にお礼を言ってね」とわざわざ言ってくる。

私たち班長10名はジュースをもらうと、所長のところまで行き、「所長、ごちそうさまです」と頭を下げる。そのたびに所長は「おう、おう」と鷹揚（おうよう）に答え、ご満悦の表情だ。私は以前、正月に行なわれていた清原への新年のあいさつを思

い」などなど。あるとき班会議で「カンカンばあさん」をどうにかしてほしい、という要望が出された。「カンカンばあさん」はある路線において障害者手帳を提示して半額で乗ってくる年輩女性で、いつも3つ先のバス停で降りていく。ホームレスと思われる彼女は空き缶をいっぱいに詰め込んだビニール袋を抱えていることから仲間内でそう呼ばれていて、私も対応したことがある。この「カンカンばあさん」はときたま座席でおしっこを漏らすのだ。周囲に悪臭が漂い、彼女が降りたあと運転士はその対応に追われることになる。班会議での要望を受け、東神バスは自治体の担当部署と相談のうえで「カンカンばあさん」をほかの乗客の迷惑になる場合には乗車拒否してもよい、ということになった。

い起こしていた。小さな権力者たちはみな、どうしてこういうことをしたがるのだろうか……。

のちにある事務職員から聞いたところによると、所長はそのジュース代を会社の経費として請求していたという。なんという小物、なんというエエカッコしい。*この一件で私はますます佐山所長に幻滅することになった。

エエカッコしい 佐山所長は大きなアメ車で通勤していた。営業所の駐車場には運転士たちのマイカー通勤の運転士たちのクルマが並んでいる。国産の大衆車や軽自動車の中で所長のどでかいアメ車は異彩を放っていた。

某月某日 見つめる男の正体：懐かしい再会

秋晴れの午後、私はいつものように駅の始発バス停にバスを着け、中扉を開けてお客を乗せた。

時間になったのでバスを発車させてしばらくすると、車内ミラー越しに私を見つめる視線を感じた。ミラーを見ると、一番後ろの席に座っている若い男性が、私のほうをじっと見つめている。

私は視線を外し、運転に集中した。「ここまでの運行で何かやらかしたかな」

と少し不安になったが、思い当たるふしはない。あらためてミラー越しにチラッと彼を見た。まだ見つめている。私は即座に視線を外した。

たいていの場合、人が他者をじっと見つめるのは「恋をしているとき」か「イチャモンをつけるとき」と相場は決まっている。彼の場合はおそらく後者だろう。こういうとき視線を合わせるとロクなことがない。

その後、私が車内マイクで「右へ曲がります。ご注意ください」とか「まもなく郵便局前です。バスが止まるまでそのままでお待ちください」などとアナウンスするたび、彼が身を乗り出して私を見つめているのが感じられた。

途中のバス停でお客が降車し、終点のバス停に着くころには、乗客は3人になっていた。彼はまだ乗っている。もしかすると終点のバス停で私と2人きりになるのを狙っているのか。私は最悪のケースを想像*して身震いした。タクシードライバーが乗客と2人きりの車内で暴行に遭うといったケースは多数報告されている。バスの運転士に同様の事例が起きないとも限らない。

バスは終点のバス停に到着した。この路線は後払いのため、お客は料金を払い、

最悪のケースを想像
路線バスの運転席には、バスジャックなどの緊急事態が発生したときに備えて、車外の人にSOSを発信する非常ボタンが設置されている。このボタンの位置は極秘だが、押すとバスの行き先表示部分に「緊急事態発生」や「警察に連絡をしてください」といった文字が映し出される。以前、誤って非常ボタンを押した運転士がいて、パトカーがずっとバスを追尾してきたという笑い話もある。

前扉から降りていく。案の定、彼は2人の乗客が降りるのを待っている。

たったひとりになった彼が向かってくる。私はいざというときに備えて身構えた。

「あの……」

案の定、話しかけてきた。だがイチャモンにしてはやさしい声だ。

「以前、先生をしていませんでしたか?」

その言葉を聞いた瞬間、私の顔は一気に赤くなった。ということは……。

「ええ、まあ、一応」

モゴモゴ答えると、彼は顔を輝かして、

「そうですよね! T高校で社会を教えていましたよね!」

なんと彼は、私がバスの運転士になる前に働いていた高校の教え子だった。

彼の顔を確かめる。だが、思い出せない。当時は1クラス40名以上いるクラスを5クラスも受け持っていたため、すべての生徒を覚えているわけではないのだ。

忘れていることがバレたら、彼はショックを受けるかもしれない。だから、

「T高校の卒業生だね?」

とわかっていることを聞いてお茶を濁した。彼は嬉しそうに笑い、

「はい！　僕は社会の成績が悪くて、先生にはご迷惑をおかけしました。高３の1学期の期末テストで赤点をとって、夏休み中、先生の補習に呼び出されて再試を受けて単位をもらいました。吉本です」

T高校はお世辞にも学力の高い学校ではなかった*から、いつもクラスの４分の1ほどの生徒が補習を受けることになっていた。私の脳裏に、夏休みの補習を受けている生徒たちの光景がよみがえった。吉本……吉本……吉本……吉本！

「吉本！　補習でいつも一番後ろの席に座って、眠そうな顔をしていた吉本！」

「ハハハハッ。一番後ろが好きなんです。眠そうな顔は生まれつきです」

「覚えているよ。懐かしいなー」

「でも先生、最初、僕のこと誰かわかってなかったでしょう？」

T高校の卒業生らしからぬ見事な洞察力ではないか。

「……そんなことないよ、吉本君だろ。でもよく私だってわかったなあ」

「はじめはなんとなく雰囲気が似てるなと思って。車内アナウンスを聞いて、もしかしてと思って。これで確信しました」


学力の高い学校ではなかった　授業中に居眠りしている生徒も毎回数名いた。机に突っ伏している生徒にはたまにチョークを投げて〝警告〟していた。あるとき、寝ている生徒に向かって投げたチョークが一つ後ろの席の生徒を直撃してしまった。彼は「センセ～、マジかよぉ！」と大声で叫び、寝ていた生徒が驚いて目を覚ました。そんなゆるい校風が私には合っていた。

と吉本君は運転席の上に掲示してある車内名刺*を指さした。そこには私の名前が記されている。

「なるほど。たいした観察力だよ。でも、学校の教え子と遭遇するのは今日が初めてだ」

「先生、ほんとにバスの運転士になったんだね。授業中の雑談で『もしかしたら何年かのち、先生はバスの運転士になっているかも』って言ってたけど、あれは冗談ではなく、本当だったんだね。驚きました」

吉本君と話をしているうちに、当時の記憶がよみがえってきた。高校の教師を辞める数年前から、何度か授業中にそんな話をしていた。授業中にそんな話をするなんて、あのときはバスドライバーへの情熱が燃え上がっていた時期だったのだろう。

「君たちの人生、どこでどうなるかわからないよ。何年、何十年かのちに、君たちは社長や総理大臣になっているかもしれないし、先生だってバスの運転士になっているかもしれない」

授業中、各クラスでそんな話をしていた。どのクラスでも「先生、冗談で

車内名刺
運転席の上に、運転士の名前を記した車内名刺がある。東神バスでは、縦5センチ、横20センチぐらいのプラスチックプレートだった。バス会社によっては、縦10センチ、横30センチのアルミ製特大プレートを掲げているところもあり、このサイズはちょっと恥ずかしい気がする。

しょ」と笑われたが、私は本気だった。

　なつかしい高校教師時代の記憶がよみがえってくる。もっと吉本君と話したかったが、今は勤務中だ。そろそろ折り返しの運行の準備*をしなければならない。

「吉本君も少し大人になったな。健康には気をつけて、目標に向かって頑張るんだぞ。人生、どこでどうなるかわからないけど、先生は『バスの運転士になる』と言っていたら、本当にバスの運転士になってしまった。言葉にはそういう力がある。君も頑張れ」

「はい。僕はいま専門学校で整備士になるための勉強をしています。整備士になれるように頑張ります。先生は、先生をしていたときよりイキイキしてるね。先生口調は変わらないけど。それじゃ」

　吉本君は微笑んで颯爽とバスから降りていった。

「先生をしていたときよりイキイキしている……か」

　私は高校教師時代、時代の変化とともに、自分の言葉が生徒に届いていないのではないかと感じていた。けれど、届いている生徒にはきちんと届いていたのだ。そのことが、バスドライバーになった今なぜかとても嬉しい*。

折り返しの運行の準備
車内に忘れ物やゴミがないかのチェック、行き先表示の変更、始発バス停の発車時間、行き先と経由地の確認などをしなくてはならない。

とても嬉しい
そもそも私は、知り合いと遭遇しないように、勤務先だった高校のエリアを避けて東神バスに入社した。それでもこうして吉本君と再会することができたのは運命のようなものだろうし、吉本君の言葉はバスドライバーという仕事への誇りと自信をもたらしてくれるものだった。

そして私は、あの時代を思い出していた。「高校教師の自分」ではなく、「バスドライバーになりたいと思っている高校教師の自分」のことを。

某月某日　運転手の分際：頭の中を占拠した言葉

バス停につけて「お待たせしました。市役所行きです」と案内し、扉を開けた。

「何やってんだよ！」

先頭にいた年輩の男性客が怒鳴りつける。

「どうされましたか？」

「この1つ前のバスに乗ろうとしたら、俺の目の前で扉を閉めていっちまった。おかげでこのバスが来るまで15分も待たされた。おまえらのバス会社はどうなってるんだ⁉」

「それはすみませんでした。失礼しました」

そう謝罪すると、多少は怒りが鎮まったのか、「おまえらの会社はなってねえ

なあ」と捨て台詞を吐き、そのままバスの後方へ進もうとした。しかし、料金の支払いを忘れている。

「すみません。お客さま、前払いのため、運賃をお願いします」

私がそう呼びかけると、立ち止まってこちらを振り返り、ポケットから何かを取り出して、一瞬こちらにかざすと、再びポケットにしまいこんだ。

確認ができなかったので、

「お客さま、お手間をおかけしますが、もう一度見せていただけないでしょうか」と再度お願いする。

お客はことさら面倒くさそうな態度でこう言った。

「運転手の分際で生意気なやつだな」

そして、「ほらよ」と敬老パスを鼻のそば5センチのところに突きつけた。

ここまで書いたとおり、乗客から不満や怒りを浴びせられたこと*は何度となくある。しかし、このときの「運転手の分際」という言葉は、どういうわけか、そのまま私の頭の中を占拠してしまった。

そのままバスを発進させ、運転を続けるが、「運転手の分際」という言葉が頭

不満や怒りを浴びせられたこと
もちろんその逆もある。コミュニティーバスでは運転士と乗客の距離感が近い。病院に通う常連のおばあさんからミカンをもらったり、おじいさんが自販機で買ったばかりの缶コーヒーをくれたりしたことも嬉しい思い出だ。お母さんと一緒に乗ってきた保育園くらいの女の子が小袋ののど飴をくれたことも忘れられない。

の中でこだまする。なぜこんなことを言われなければならないのかという屈辱感と不快感、さらに情けなさみたいな感情が募ってくる。

それまでは少々嫌なことを言われても運転に集中していれば、すぐに忘れてしまった。自分でも楽天的で、切り替えは早いほうだと思う。だが、この日は違った。

「終わったことだ。もう忘れて、運転に集中だ」

そう思っても、すぐにあの言葉とあのお客の顔がよみがえってくる。運転中も屈辱感に支配されて、胸が潰れそうになる。そんな状態がその日の勤務時間中ずっと続いていた。

夜8時、当日の乗務が終わる。営業所に戻って帰り支度をする。そのあいだも、イライラとそのことばかりが頭の中を渦巻いている。「よくあることじゃないか」と自分に言い聞かせても、もうどうしようもない。

家に帰る。もうしばらく妻とは一緒に夕食をとっていない。次女は家にいるが、部屋に入ったきりで、あまり顔を出さない。

一人きりで夕食を済ませ、風呂に入る。風呂から出てテレビを眺めていても、心はいつのまにかお客に言われたあの言葉を反芻(はんすう)している。「考えても仕方ない」と思っても、ついつい考えてしまう。考えるたびに、心がふさいでいく。

布団に潜り込む。一日の勤務で体は疲れ切っているはずなのに、頭は冴えている。思い出すのは「運転手の分際で」というあの言葉だ。

それは、私ひとりだけではなく、バスドライバーという職業そのものへの侮辱だろう。営業所の同僚たちの顔、佐山所長、そして営業所を去った清原や神谷たちの顔までもが浮かんでくる。

私はなぜ、あの言葉にこれほど囚われてしまうのか*……。眠れないまま、明け方まで悶々と考え続けるのだった。

某月某日　10メートルオーバー：クレーム電話

午前10時すぎ、海老名駅に向かうバスを運行中のことだった。駅まではあと2つのバス停がある。

これほど囚われてしまう 人間とは不思議なもので、それでも数日もするうちにだんだんと傷は癒えていき、業務中にくよくよと考えることもなくなった。それでもあのときの言葉は今も私の心の中に刻み付けられているし、一生消えないだろう。こういう経験をすると、自分はこんなふうに誰かを傷つけることはしたくないと思うのだった。

いつもどおり、運転席にある車内アナウンスのボタンを押して、「次は郵便局前でございます」と車内案内放送を流す。

するとその直後に降車ボタンが押され、ピンポーンという音とともに運転席にある降車を知らせるランプが点滅した。

私は「はい、次、停車いたします」と車内マイクでアナウンスした。にもかかわらず、並木の陰にあるバス停を見逃して、そのまま通過してしまった。

「あっ、降ります!」

お客の声で気がつき、心臓がギュッと縮こまるような感覚になった。朝の混雑が終わったころあいで緊張感が欠けていた。

すでにバス停を通りすぎており、急ブレーキにならないようにバスを停車させた。停まるべきバス停から10メートルほど行きすぎていた。後戻りすることはできない。仕方がないので、

「たいへん申し訳ございません。ここで降車していただいてもよろしいでしょうか」

と伝えて、扉を開けた。40代くらいの赤いセーターを着た小柄な女性が何も言

わずに降りていった。

本来ならここで営業所に無線を入れ、報告をしなければいけない。バス停を通りすぎるというのはあってはならないミスである。営業所に戻ったら状況を説明し、助役から指導を受け、さらに反省文と再発防止策について書面で提出*する。

だが、私は班長だ。ふだんは班員を指導している立場である。その私が運行ミスをしてしまっては示しがつかない。

10メートル行きすぎたくらい、どうってことないよ。第一、お客も怒っている様子はなく、平然と黙って降りていった*じゃないか。わざわざバスを止めて営業所に無線を入れるのを乗客に見られるのは恥ずかしいし、この程度のことで運行を遅らせたくない。私はそんな自己保身の言い訳を用意して、無線は入れず、そのままバスを走らせた。

この程度のことがバレるはずはない。このあと、「天網恢恢疎（てんもうかいかいそ）にして漏らさず」を痛感するとはつゆ知らず……。

その日の運行を終えて営業所に戻り、給油をしてバスを所定の場所に停める。

運行ミスをしたときは2枚の書類を書かなくてはならない。そのときの状況や原因、反省、再発防止策など書く項目がたくさんあり、数秒の運行ミスに対して書き上げるのに数時間はかかる。書類を書くのに要した時間は残業扱いにはならず無給だ。

平然と黙って降りていった
その後しばらくして読んだ本の中に「正常化バイアス」という言葉を見つけた。「正常化バイアス」とは認知バイアスの一種で、自分にとって不利な情報を見て見ぬふりをしたり、たいしたことがないと思い込んだりする心理現象だという。自分に当てはめてみて、このときの自分もそうだったのではないかと思い当たった。後悔先に立たず…ではあるが。

事務所の点呼場にて終業点呼をする。私は「本日の運行異常ありませんでした」と報告した。

点呼を終えた直後、「須畑さん、ちょっと*」と、事務所の奥にいた山岸助役に声をかけられ、事務所の中に入るように言われた。

私はなぜ呼ばれたのかわからず、山岸助役に言われるがまま事務所の奥にある椅子に腰かけた。

助役が「何か報告することがあるんじゃないの」と尋ねた。私は「いえ」とだけ答えた。まさか、バス停を10メートルオーバーしたことで呼び出されたなどつゆほど思っていなかった。

助役は「運行中、何か異常があったんじゃないの」と念を押してくる。

ここにきてようやく私は、バス停を行きすぎた件かと気づいた。

「郵便局前のバス停を10メートルほど行きすぎた件でしょうか?」

「そうだよ。その件でお客さんからお怒りの電話を頂戴したんだ。なんでしらばっくれるの」

山岸助役が眉をひそめた。

須畑さん、ちょっと
助役がこのように声をかけるときは、事件や事故、クレームなどたいてい悪い知らせである。逆に良い知らせのときは、「今、お時間、大丈夫?」などと話しかけてくる。私が班長に昇格したときは「須畑さ~ん、こちらへお越しください」だった。

赤いセーターを着た女性は、黙ったまま何も言わずに降りていった。彼女はバスを降りた後、すぐさまスマホでバスの後部の写真を撮り、バス会社の電話番号をネットで調べてクレームの電話をしてきたのだった。

その内容は、「運転士が降車ランプが点いているにもかかわらず、次のバス停まで連れていかれた*」というものだった。

もちろんその言い分自体は、営業所の職員がドライブレコーダーで確認し、女性の嘘が証明された。しかし、バス停を通過した事実、そしてそのことを報告しなかった事実は揺るがない。

「なぜ、バス停を通過しておいて報告をしないの？」

「お客さまに多大なる迷惑をおかけしてしまい、申し訳ございませんでした」と謝罪すると、

「運行ミスのことを聞いているんじゃないよ。なぜ報告をしなかったのかと聞いているんだよ」山岸助役は語気を強めた。

正直にいえば、「このくらい大丈夫だろう」という甘い気持ちがあった。前述のとおり、班長としての体面を傷つけたくないという浅はかなプライドもあった。

次のバス停まで連れていかれた
次のバス停までは1キロ近くあるので、10メートルの行きすぎとは大違いだ。さらにその女性は「運転士から謝罪の言葉すらなかった」とも言っていたそうだが、これもドライブレコーダーの記録で潔白が証明された。完全に私の過失であり、本来何も言う資格はないが、平然と嘘を並べ立てる女性に人間の恐ろしさを感じてしまった。

だが、そのとおり言うわけにもいかない。

「その場で無線を入れる*ことによって遅延が発生し、ほかのお客さまにご迷惑をおかけしてしまうと申し訳ないので、そのまま運行をしてしまいました」

その場しのぎの言い訳だった。

「だったら駅に着いてから報告をすればいいじゃないか」

私はひたすら自己保身に走っていた。新聞に取りあげられたこと、優秀運転士としての表彰、過去の栄光というにはごくささやかなものだが、私の脳裏にはそれらの出来事が次々と浮かんでいた。私は情けないことに取りつくろおうとして嘘の上に嘘を重ねた。

「駅に着いたら折り返しの運行の時間が迫っていましたので、遅発にならないよう忘れ物をチェックしたあと、すぐに始発バス停に着けました」

「だったら、さっきの終業点呼のときにだって報告できるだろうよ」

山岸助役がそう言う。そのとおりであり、私はぐうの音も出ない。

最初から「自分ではたいしたことがないと思い、報告しませんでした」と正直に言って謝罪すればよかったのだ。言い訳を重ねれば重ねるほど、私は泥沼には

無線を入れる
営業所とバス運転士とのやりとりは基本的にすべて無線で行なわれる。バス会社の中には始業時に個人の携帯電話をロッカーに預けて、バスへの持ち込みを禁止しているところもあるようだ。東神バスでは乗務中、携帯電話の電源を切ることを条件にバスへの持ち込みが許されていた。助役からは「乗務中の携帯電話使用などが判明した場合、全運転士にバスへの携帯電話持ち込みを禁止します」という〝警告〟があった。携帯電話は、休憩中などに時間を潰すためなくてはならないアイテムでもあり、禁を破る者はいなかった。

まっていった。助役の目は不信感でいっぱいになっていた。

某月某日　乗務停止処分：「班長を降りろ」

次の日、私は乗務停止*を申し渡された。

乗務停止とはいえ、休みというわけではない。いつもどおり出勤したうえ、営業所の個室で、運行ミスの報告書の作成と反省文、さらには再発防止策をレポート用紙に数枚書いた。それとは別に、報告をしなかった件についての報告書と反省文を何枚も書くことになった。会社は運行ミスよりも、報告を怠ったことを問題視したのだ。

反省文を書き終わるころ、佐山所長が私のいる個室に入ってきた。

「運行ミスをして、しかも報告をしなかったのだから、よく考えたほうがいいんじゃないの？」

どういう意味かは、すぐにわかった。当時、私は十数名の班員を束ねる班長

乗務停止
乗務停止中は、折り畳み机とパイプ椅子だけが置かれた3畳ほどの部屋で、一日中何枚もの報告書と反省文を書かされる。昼休みはある。だが、外に出ると同僚と会ってしまうので、私は部屋で菓子パンを食べてすごした。

だった。佐山所長は「班長を降りろ」と匂わせているのだ。強要はできないため、まわりくどい言い方で辞任を迫ったのだ。

こんなことで班長を降りるのは悔しい。名誉挽回のチャンスを与えてほしかった。

「今回のことはたいへん申し訳ありません。このことを踏まえ、信用・信頼を回復するために今以上に能力を発揮し、いっそう努力したいと思います」

私は班長のことには触れず、佐山所長にそう伝えた。

所長はそれ以上、何も言わず、部屋を出て行った。

次の日も出勤すると営業所の個室に入るように指示された。営業所でこういう話はあっというまに知れ渡る。* ほとんどの同僚がこの件に関して知っていた。話を面白おかしくふくらませて、ほかの営業所にまで広めていた人もいた。ほかの営業所に配属された仲のいい同僚から「須畑さん、人身事故を起こして、現場から逃げて、報告もしなかったってホント？」と聞かれ、驚いた。

その日、個室に入って待っていると藤岡助役が入ってきた。9時からの朝の打

あっというまに知れ渡る 同僚ドライバーの運行ミスは休憩室で格好のネタになる。みんな、他人がミスした話が大好きなのだ。話に尾ひれがついて、面白おかしく脚色されていくので、何度目かに聞

ち合わせを終えて、私のところに来たのだろう。彼は背が高く温厚な性格で、あまり感情を表に出さない。休みの日には庭いじりをしているという50代のマイホームパパだ。

藤岡助役は私の向かいに座り、「須畑さん、今回の件に関して班長の役職をどうするか考えたほうがいいんじゃないですか」と切り出した。

「それは班長を辞任しろということですか」

「まあ、そう露骨に言っているわけではないんですけどね……」

「自分としては信用を回復するチャンスを与えていただきたいと思っています」

「そうはいってもねえ……。こういう状態だと、班員たちも須畑さんの言うことを聞かなくなるんじゃないですか」

藤岡助役は頑（かたく）なだった。

私は気がついた。藤岡助役は佐山所長から「須畑が自ら班長を辞任するよう説得してこい」とでも言われたのではないか。

藤岡助役には世話になっていた。新人のころから、仕事を円滑に行なうためのアドバイスやテクニックなどを親切に教えてもらった恩がある。私がこれ以上、

くと内容が変わっていたりする。ネットのデマもきっとこんなふうなものなのだろう。

班長を続けさせてほしいと言えば、佐山所長から指令を受けている藤岡助役は困ってしまうだろう。*

「……わかりました。班長を辞任いたします」

そう伝えると、藤岡助役はホッとした表情になった。

「では、自ら班長を辞任するということでいいですね」

藤岡助役が念を押す。「かまいません」と返事をした。

そこからはすでにレールが敷かれていたかのように話がとんとん拍子に進んだ。藤岡助役が退席すると、すぐに山岸助役が入ってきた。

「辞任するんだってね。それじゃあ、班長運転士のバッジを回収させてもらうよ」

山岸助役にバッジを渡すと、班長運転士を辞任する旨を記す書類を渡され、それへのサインを求められた。

その後、一般運転士の名前入りのバッジ*を渡された。いつのまにか廊下に掲示されている班員名簿も班長欄にあった私の名前は消され、班員欄のところに移さ

藤岡助役は困ってしまう
藤岡助役には大学生と私立高校に通う子どもがいることは知っていた。きっと家のローンも残っているのだろう。佐山所長とのあいだで波風を立てたくない、あわよくば出世したい藤岡助役の気持ちは、私には痛いほどわかった。

一般運転士の名前入りのバッジ

れていた。まるで私が班長を辞めることは決まっていたかのような手際の良さだった。

これで新人教育や、高速バスの運転ができなくなってしまう。気落ちするところがあったが、それでもまだ路線バスの運転はできる。イチから頑張るしかないと思った。

廊下に出ると、ちょうど佐山所長がやってきた。すれ違う際、会釈する私に目もくれずに立ち去った。

某月某日　**左遷**：運行停止、本社教育

班長から降格してから10カ月後、いつものように一般運転士として乗務していた。運転するのは、３カ月ぶりに走る路線*である。

朝の混雑時間をすぎ、車内には20名ほどのお客が座っていた。

駅から４つ目のバス停の手前、信号のない小さな交差点から、一時停止もせず

*通常、名前入りのバッジを破損などして再交付してもらうには3日を要する。それがこのときは即日交付だ。私が運行ミスをしたその日に、佐山所長が私の一般運転士用のバッジを発注するように指示を出していなければ間に合わない計算だった。

に自転車が飛び出してきた。慌ててハンドルを右へ切り、急ブレーキにならないようにブレーキをかける。

なんとか接触は回避した。自転車に乗っていた若者は、何ごともなかったようにバスの横を通りすぎていった。

私はホッとして、乗客に「おケガはありませんでしたか」と声をかけた。車内に立っていた乗客は一人もおらず、転倒した人はいなかった。

その後、「自転車が飛び出してきたので危険回避のため、ブレーキをかけました。おケガされたお客さまはいらっしゃらないようですので発車いたします」とアナウンスしてバスを走らせた。

すると、少しして「おい、どこまで行くんだよ！」と70代くらいの男性が叫んだ。じつは先ほどの交差点より少し先の電柱の陰にバス停があったのだ。私は飛び出しのアクシデントで焦って、バス停の位置を失念してしまっていた。

まずい。またやってしまった！　ブレーキを踏んでバスを止める。

私は焦った。頭に浮かんできたのは前回のミスだった。二度としてはいけないはずのミスを繰り返した。しかもあれから1年も経っていない。瞬間的に頭の中

3カ月ぶりに走る路線
一日10往復で1時間に1本しかない路線なので、3カ月に1回しか担当がまわってこない。なかには1年間もブランクが空く運転士もいる。

が真っ白になった。混乱した私はとっさにハザードランプを点滅させて、そのままバス停の位置まで20メートルほどバスをバックさせた。バックは禁止事項だ*。

お客に丁重にお詫びをし、降車扱いをする。

運行ミスにくわえ、焦って禁止事項のバックをしてしまったことを早々に後悔していた。だがもう遅い。もうバスドライバーとしての人生は終わりかもしれない。走行中、そんなことがぐるぐると頭を駆けめぐった。終点に着いたところで、無線で営業所に運行ミスの報告を行なった。

運行を終えて営業所に戻る。終業点呼を受けた後、藤岡助役に切り出した。

「申し訳ありません。無線で報告したとおり、さきほどの乗務で川端南のバス停を通過したうえに、焦ってバックしてしまいました。また本来ならその場で営業所に報告すべきでした。申し訳ありません」

「前回の運行ミスをしてから1年も経っていないですよね。しかも同じ運行ミスのバス停通過、さらにはその場からの報告もなかったんですよね」

藤岡助役は諭すような優しい口調で言った。藤岡助役の気づかうような口ぶりに、いたたまれない気持ちになる。私は「おっしゃるとおりです」としか言えな

バックは禁止事項
バスのバックは、乗用車と違って死角が多い危険な行為だ。やむをえずバックするときは、営業所に無線を入れて許可を取ってから、誘導をする人を立てるか、それが無理ならば自らいったんバスの後ろに行き、安全確認をしたうえで、ハザードランプをつけてゆっくり歩くぐらいの速度で行なわなくてはならない。私はこのとき無線で許可を取らず、外に出て安全確認もしなかったので、二重に違反を犯したことになる。

かった。今後、どんな試練が待っているのかも想像がついた。

その後、私は運転業務が禁じられた。前回同様、反省文を書き、再発防止策も考え、提出したうえで、東神バスの本社に出頭することになった。

本社で、担当官からバスドライバーの心得や責任、義務について講義を受けた。講義後、感想文と二度と同じ過ちを起こさない旨の誓約書を書き、本社教育*は終わった。私の案件は懲罰委員会にかけられ、その結果、「停職1日」という処罰が下された。

その後、業務に復帰して1カ月後、神奈川営業所への転勤を命ぜられた。実質的な左遷であった。

本社教育
本社では、担当官のほかに数名のスタッフが私に付き添ってくれた。狭い会議室の中、こんなことに一日中つきあわせてしまい、申し訳ない気持ちでいっぱいだった。

第4章

さらば、愛しのバスドライバー

某月某日 **新天地にて**：気弱な彼の脂汗

東神バスに入社して10年、横浜営業所一筋で勤務してきた私にとって、勤務地の変更は初めての体験だった。

新入社員のような心持ちで神奈川営業所へと出社する。迎えてくれた松田所長は50代、細身のスーツが似合うさわやかな男性だった。

緊張する私に向かって松田所長は言った。

「新天地でしっかり頑張ってくださいね。班長までやられた人なんだから、今までのことは関係なく、会社のために貢献していただけるよう期待してますからね」

松田所長には横浜営業所での運行ミスの件は間違いなく報告されている。だが、彼はそのことにはいっさい触れず、柔らかな笑顔を絶やさずに、応接室で対応してくれた。松田所長のその言葉で、私は新天地での決意を新たにした。

ふつうだと2カ月かかる路線研修を1カ月で終え、転勤1カ月後には単独での乗務*がスタートした。

2回の運行ミスを犯した私は乗務中に緊張が解けることはなかったが、松田所長の人柄のためか、営業所の同僚たちは人当たりがよく、私をすぐに受け入れてくれた。営業所の人間関係は良好なものだった。

良くも悪しくも環境が変わると人心は一変する。最初の運行ミスを犯して班長を外されて以来、勤務中も自宅にいるときもふさぎ込みがちだった私の心は回復していった。神奈川営業所に来られてよかった。私は心からそう思っていた。

神奈川営業所に赴任して5カ月がすぎた。乗務にもすっかり慣れて、いつもどおりバス停に到着して、中扉と前扉を開けた。

降車するお客が中扉から降りると、同じ中扉から若い男性が乗車しようとする。私は慌てて車外マイクで「お客さま、ご乗車は前扉からでお願いします」と声をかけた。

学生のようにも見える男性は焦って前方に向かい、ペコペコと何度も頭を下げ、

単独での乗務
年配の方は覚えているかもしれないが、かつてバスには運転士だけではなく車掌が乗務していた時代がある。車掌を担うのはおもに女性で、花形の仕事として専門の養成学校も存在していたほどだ。バスに車掌を置く制度は1983年8月に全廃となった。現在、車内業務は運転士一人にまかされているが、運行ミスなどで取り乱しかけたとき、サポート役が身近にいてくれればと思わないこともない。

前扉から乗車してきた。

男性は交通系ICカードを出して、「あれあれ?」などとオロオロしている。どこに当てればいいのかわからないのかもしれない。私はリーダー（交通系ICカードを読み取る場所）の位置を指し示した。

「あ、すみません」と男性は頭を下げ、交通系ICカードをリーダーに当てた。しかし、今度は残高不足*。

「あ! ごめんなさい。すみません。い、1万円札は使えますか?」

焦っているうえにひどく恐縮し、額からは脂汗が流れている。どうやらこの路線バスに乗るのは初めてのようだ。

初めての場所で路線バスに乗るとき、彼のように乗車方法や支払い方法に迷うことはよくある。前払いなのか後払いなのか、乗車は前なのか後ろなのか、降車はどうなのか、交通系ICカードは使えるのか、どこにタッチすればいいのか、紙幣は使えるのか、500円玉は使えるのか、料金は均一料金なのか区間料金なのか、区間料金の場合、整理券のようなものを取る必要があるのか……。実際、同じ東神バスにおいても、横浜営業所と神奈川営業所とでは料金体系や前払い・

残高不足
残高不足になった場合の対処法は3つ。（1）交通系ICカードに千円をチャージしてもらう、（2）チャージされている分だけの額を引き落とし、残りは現金で支払ってもらう、（3）全額を現金で支払ってもらう…である。

後払いの違いがある。地域やバス会社が異なれば、さらにシステムも違ってくるので、慣れていなければ迷ってしまうのは当たり前だ。

私は1万円札を両替し、千円札を入れる位置を示し、「焦らなくて大丈夫ですよ」と伝えた。

「あっ、すみません。ありがとうございます。この前モタモタしてたら、バスの運転士さんに怒られちゃったもんで」*

男性はまた何度もお詫びと感謝の言葉を繰り返し、ようやく料金の支払いを終えることができた。

私もこの仕事に就く前、バスに乗り込む際にドライバーに停まる停留所を確認したところ、「行くよ！　早く乗って」*とぶっきらぼうに言われたことがあった。気弱そうな彼もきっと以前に同じような体験をしたのだろう。

バスドライバーはすべての乗客が初めての乗車だと考えて対応しなければならない。とくに休日や雨の日には、ふだんバスに乗っていない人も乗車してくるので、運転士は乗車してくるお客の状況を見て、慣れていないようなら親切に案内することが求められる。そうすることで結果的に運行もスムーズにいく。何より

バスの運転士さんに怒られちゃった
昔ながらの運転士の中にこのタイプが多い。私の妻も学生時代の通学バスで、このような「客を客とも思わない」運転士と遭遇してイヤな思いをしたそうだ。おかげで、バスの運転士に良いイメージがなく、私がバス運転士をやりたいと言ったとき、反対される理由の一つになった。

「行くよ！　早く乗って」

自分が行きたい目的地まで行くバスならまだいい。目的地まで行かないバスだと、運転士が「行かないよ！」の一言で済ましてしまうとお客は困ってしまう。このとき出会った感じの悪い運転士を反面教師に、私はお客にどのバスに乗ればいいのかまで教えるよう心がけていた。

バスドライバーは接客業なのだから。2度の運行ミスを犯した私はとくにそのことを肝に銘じるようになっていた。

交通系ICカード*が普及していなかったころは、今よりたいへんだった。

その日は、横浜市で中学生の総合体育大会が行なわれていた。三ツ沢陸上競技場の近くのバス停には30人はいるであろう大行列が並んでいる。

大会帰りの中学生の一団は、一人ひとりが財布から小銭を出して支払っていく。乗る前に用意している人ばかりではなく、バスに乗ってから財布を取り出して小銭を数えだす人もいる。さらには、財布に小銭が入っておらず、

「ねえ、50円貸して」

「なんで?」

「この前、俺が奢(おご)ってやっただろう」

「じゃあ、50円貸すから、利子付けて100円にして返せよ」

「なんでだよ!」

「じゃあ、貸さねーぞ」

交通系ICカード
日本ではじめて交通系ICカードを導入したバスは、大手ではなく意外にも静岡県磐田郡豊田町営バスだ。導入時期も1997年とかなり早い。本当の改革は地方の小さなコミュニティーから始まることもある。

なんてやりとりを展開している男子学生もいて、支払いにものすごく時間がかかる。

引率の先生やリーダー的生徒がまとめて人数分を払ってくれたりするのがふつうだが、このときは誰一人運転士のモヤモヤなど察してはくれず、バスは5分以上遅延してしまった。

最近は、交通系ＩＣカードの普及によって、団体での乗車もずいぶん円滑になった。とはいえ残高不足はよくあるので、乗車前にチェックしてもらえればありがたい。

某月某日　歌謡コンサート：桜のトンネルで

バスは、桜の花びらが舞い散る一本道を走っていた。

道の両側に立ち並ぶ桜は、道路に覆いかぶさるように枝を伸ばしているから、まるで「桜のトンネル*」の中を進んでいるようだ。

桜のトンネル
この桜並木は、ボラン

道の途中にあるバス停から乗車してきたのは、垢抜けないリクルートスーツを着た女性だった。就職活動中か、あるいは新入社員として働き出したばかりか。年齢的には、私の次女より少し若いくらいだろう。

次女は24歳になる。前述のとおり、大学卒業後、ＩＴ企業に就職したものの、過酷な業務がたたって体調を崩し、1年で退職した。その後、体調不良もあり、家で療養生活を続けていた。

リクルートスーツを着た、若い女性がバスに乗ってくると、私はよく次女のことを思い出す。社会人生活の1年目で体調を崩した次女がこれからどうしていくのかと考えると不安もあった。

じつは昨日、私は次女と口論になってしまった。

昨日は「大開放」の日で、午前の仕業を終え、私はいったん自宅に戻った。自宅のリビングで次女と鉢合わせになった。このところ次女の体調はずいぶんと回復しているように見えた。

「いつまでもこうしているわけにもいかないよな」

横浜営業所から神奈川営業所に異動し、班長から一般運転士に降格してもバス

ティア活動を行なう国際民間団体「ライオンズクラブ」が、植樹活動の一環として植えたもの。昼間はもちろん、夜に街灯で照らされると、なんともいえない美しい光景になる。

ドライバーの仕事をまっとうしようとした私には、会社を退職して家にいる次女が歯がゆく思えてしまった。

「こうしてって、どういうこと？」

次女は私をにらんだ。

「そろそろきちんと働かなきゃね＊」

「……私だって早くそうしたいよ」

次女は何かをこらえるようにそう言った。私は不用意な発言をしてしまったことを後悔していた。家族の中で次女は一番の私の理解者だった。妻とのあいだに「溝」ができ、会話が少なくなったあとも、次女とだけはふつうに接していた。妻に直接言いづらいことは次女を介して伝えていた。

「……ごめん」

「パパなんて自分のやりたい放題じゃん。いい歳して、勝手にバスの運転士になって」

次女はそう言い捨てると、大きな音を立てて階段をあがり自室のドアをバタンと閉めた。その日は一度も顔を合わせてくれなかった。

きちんと働かなきゃね
ここでいう「きちんと働く」とは、家族の扶養を外れ、自分で税金を払える社会人として働くという意味だった。家で療養生活を送る次女に対しては酷な言葉だったと反省している。

車内ミラーにリクルートスーツを着た女性が見える。女性は中扉の近くの席に座っている。鼻をすすり、何度も目をハンカチで拭っている。泣いているのだ。就職面接でひどいことでも言われたのだろうか。会社で上司に怒られたのだろうか。涙を拭う女性が次女にオーバーラップした。「最近の若者は」なんてよく言うが、若者たちも必死に頑張って生きているのだ。*

そのときだった。バス車内に子どもの歌声が響き渡ったのである。

「さくら〜　さくら〜　のやま〜も　さ〜と〜も〜　みわ〜た〜す〜かぎり♪」

バスの一番後ろの席には、3歳くらいの女の子とお母さんが座っていた。

女の子は幼稚園か保育園で覚えたばかりなのか、可愛い声で童謡「さくらさくら」を気持ちよさそうに歌っている。お母さんはほかの乗客の迷惑になるからと、口元に指を持ってきて「シーッ」とやっている。だが、近くにいたおばあさんが、「まあ、いいじゃないですか」と言うと、女の子は嬉しそうに歌い続ける。リクルートスーツを着た女性は、泣き顔からほっこりした笑顔に変わっている。

私は女の子の歌声を聴きながら、次女がまだ小さかったころのことを思い出していた。次女は幼稚園のころから歌を歌うのが大好きだった。自宅でも、乗り物

必死に頑張って生きている

朝、笑顔であいさつしながら乗車してきた20代半ばぐらいの女性が、同日夕方のバスに泣きながら乗車してきたことがある。理由はわからない。泣き腫らす彼女の姿に、私は心の中で「明日から気持ちを入れ替えて頑張ってね」と思うだけだった。

の中でも、所構わず覚えたばかりの歌を披露してくれた。そのたびに私と妻は「将来は歌手になれるねー」などと褒めたものだ。

運転しながら、涙が込み上げてきた。嬉しいような、悲しいような、懐かしいような、いろんな感情がごっちゃになった不思議な涙だった。バスドライバーとしては失格だが、どうしても堪（こら）えきれなかった。

女の子は歌い終えると、

「おしまい！」

と大きな声で宣言した。

するとリクルートスーツを着た女性がパチパチパチと拍手をした。その拍手が呼び水となり、車内から盛大な拍手が響き渡った。

今日、帰宅したら、次女に謝ろう。そして、久しぶりにカラオケにでも誘ってみようか。イヤがるかな。

バスが終点につく。

リクルートスーツを着た女性が降りる際、

「頑張って」

私は思わず彼女にそう声をかけた。言わずにはいられなかった。彼女は照れ臭そうに会釈して降りていった。

某月某日 マスク着用のお願い：コロナ対策悲喜こもごも

2020年から世界的に感染拡大した新型コロナウイルス騒動は、バス業界も直撃することになった。コロナ禍、東神バスも他社と同様、徹底した感染対策を行なうことになる。

運転士に要請されたのは、まずは換気の励行だった。路線バスには、前と後ろに換気扇がついている。前を吸気にして、後ろを排気にすればバス車内の換気ができる。

また、バス停では前扉や中扉を開けるので、それも換気を後押しする。さらに、側面の窓の上部には手動で開けられる窓がある。この窓を常時10センチ程度開ける。これで車内の換気については万全といえる。

困るのは雨が降ってきたときである。雨の日は窓を2センチほど開けるに留める。多少の雨ならこれで吹き込んでくることはない。

しかし、豪雨の日は2センチでもダメだ。ほんの1センチ程度開けておくこともあるが、すぐに乗客が閉めてしまう。コロナ対策よりも降り込む雨を防ぐほうが重要だろう。

そういったときは換気扇の風量を最大*にする。これで換気は可能になるが、バス内の換気扇の風切り音はかなり大きい。換気扇の音とエンジン音が重なり、車内アナウンスを邪魔する。

「コロナウイルス対策のため、車内換気を行なっております」そうアナウンスすると、

「うるさくて、何を言ってるのかわかんねーよ」と大声で文句を言われた。

「すみません。換気のためにご迷惑おかけします」再びアナウンス。

「えっ？　なんだって。聞こえねーよ」

仕方ないのでほとんど怒鳴るようにアナウンスする。

換気扇の風量を最大
風の音が相当大きくなるが、空気が動いてちゃんと換気できていることがわかるので、乗客に対して「抜かりなくコロナ対策しているぞ」とアピールできる。

「換気のためにご迷惑おかけします!!」
「うるせーな、もう少し静かに言えよ！」

乗客の中にはマスクを着けずに乗車してくる人がいる。いつしか運転士の仕事に「マスク着用のお願い」が加わった。「マスクを着けない乗客に運転士が注意しない！」という意見が、バス会社にメールや電話でたくさん寄せられるようになったための対応である。ただ、マスク未着用の乗客への注意はトラブルを招く可能性があるため、「お願い」にも細心の注意*を払う。

昼すぎ、始発バス停から、赤いアロハシャツ姿で日焼けしたおじいさんが乗り込んでくる。マスクを顎にしていて、口からはアルコールの臭いが漂う。運賃機にお金を入れるも「20円不足」の表示。

「お客さま、すみません。20円不足しておりますので、あと20円……それとマスクをちゃんと着けていただけませんか」

「20円あるぞ」とポケットから財布を出し20円を運賃機に入れたところまではよかったのだが、マスクは顎のまま通りすぎようとするので、すかさず「マスクを

細心の注意
2022年9月、マスク着用を拒否した人を乗車拒否したバス会社に対して、中部運輸局から行政処分が下された。マスク着用は義務ではなく、あくまで推奨でしかないので仕方がない。

ちゃんとお着けいただけますか」と繰り返す。

注意されたことが気に入らなかったのだろう、「俺はマスクが嫌いなんだよ」と言いながら、マスクをぐっーと下に引っ張る。するとマスクのゴムがちぎれてしまった。おじいさん、酔った勢いで、ヒモの切れたマスクをそのまま床にたたきつけた。

バスドライバーたるもの、こんなときも冷静な対処が肝要だ。

「お客さま、マスクを着けていらっしゃらないと、周りのお客さまにご迷惑になりますので」

「なーにが迷惑だぁ？　俺のほうがこんなマスクを着けなきゃいけなくてよっぽど迷惑なんだ。コロナなんてなくなっちまえばいいんだよ！」

後半は同意見であるが、このままでは収拾がつかなくなる。私は運転席に用意してあるマスク箱*の中からマスクを取り出し、「よかったらスペアのマスクがありますので、お使いいただけませんか」と差し出した。

おじいさんはほかの乗客の視線を気まずく感じたのか、急にトーンダウンして、「悪いね」と言って受け取ると、素直にマスクを装着した。いったいこれまでの

運転席に用意してあるマスク箱
会社からは運転士用にマスクが箱で支給されていた。だが、お客に渡す際には個包装のもののほうがよいと考え、自分で購入した個包装マスクを運転席に常備していた。

激昂（げきこう）はなんだったのか、とも思うが、一件落着である。

バスを発車させる前、おじいさんが残していったヒモの切れたマスクを私は床から拾い上げる。

某月某日　鳥・猫・蚊・蝶：人間以外のお客さま

バタバタバタバタ！

夜8時ごろ、換気も兼ねてバスの側面の上窓を開けて走行していると、一羽の鳥が突然車内に飛び込んできた。鳥の種類はわからないが、スズメよりひと回り大きい。

乗客は20人ほどで、座席はほとんど埋まっている。鳥は車内を飛び回り、音を立ててあちこちの窓にぶつかる。若い女性の悲鳴があがり、車内はパニック状態になった。危険を感じた私はハザードランプを点けて、路肩にバスを停めた。

初老の男性客の帽子に鳥がぶつかり、払いのけようとした男性が席を立ち、よ

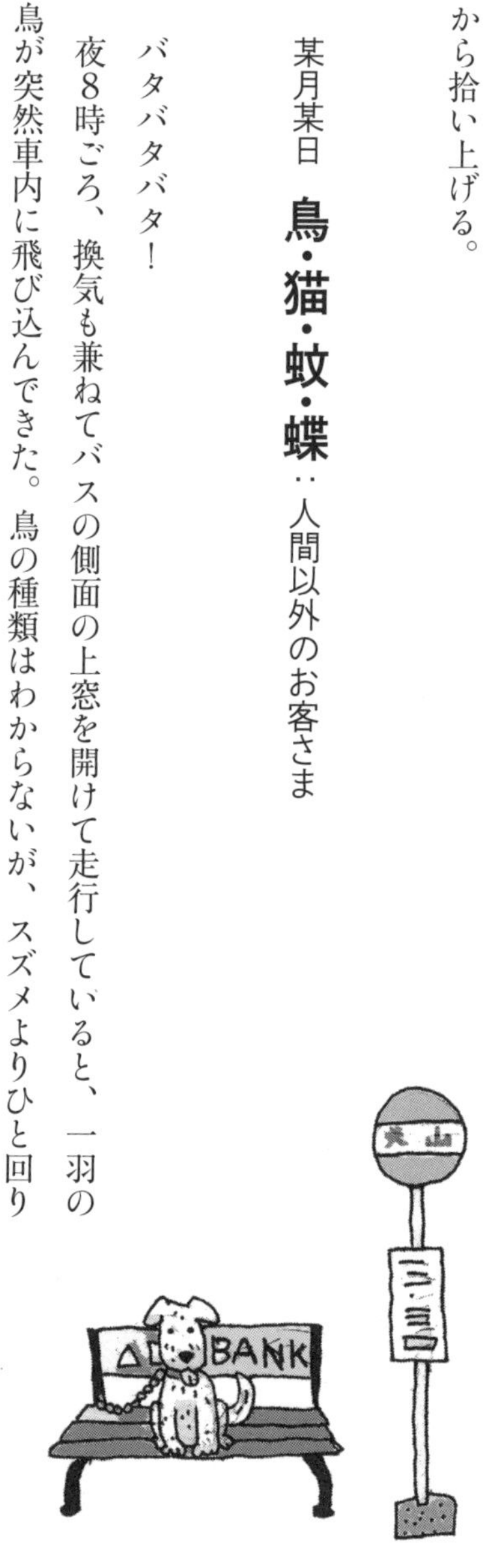

ろけて転倒しそうになった。母親と一緒に乗車していた幼い女の子はびっくりして泣き出す。狭い空間の中を鳥が飛び回っているのはたしかに怖い。

なんとか追い出そうと私が前後の扉を開けた途端、鳥は中扉からあっという間に外へ飛んでいった。「台風一過」という言葉があるが、「鳥類一過」車内に平穏が訪れた。

「お客さま、おケガはありませんでしたか」

乗客に向かって車内アナウンスすると、

「大丈夫ですよ。ただ心臓がバクバクしているだけ」

ひとりの若者*がおどけてそう答えてくれ、車内の空気が少しゆるんだ。

このようにバスには人間以外にもいろいろな生き物が乗車してくる。

お昼ごろ、折り返し地点の始発バス停でバスの前扉を開けて停車していたら、子猫が立ち止まりこちらのほうを見ている。

すると扉の近くに座っていた女子高生２人組が「かわいい〜、おいでおいで」と子猫を車内へ招き入れようとする。子猫はミャーミャー鳴きながらこちらを見

ひとりの若者
じつはこの若者は顔なじみの常連だ。年のころ20歳ぐらいのおかっぱ頭で、リュックに付けた「くまのプーさん」の巨大なキーホルダーが特徴的な青年だ。とにかくディズニーが好きなようだ。以前「横浜駅からディズニーランド行きのバスってありますよね」と聞かれたこともある。はい、ございますよ。

ている。

私は慌てて扉の開閉スイッチを操作して、扉をガチャンと閉めた。子猫は慌てて逃げていった。

「えー、ひどーい」

女子高生たちは残念がっている。

はた目には少しかわいそうに見えるだろうが、車内に入って来られたらたいへんなことになる*ので事前に防がねばならない。子猫だってバスに乗って知らない土地に連れて行かれたら困るだろう。

夏になるとよく蚊が入ってくる。バス停に着くごとに前扉が全開するものだから、お客と一緒に蚊も乗車*してしまうのだ。

運転中に顔付近を飛び回る。信号やバス停での停車時、目を皿にして捜すが、見つけられない。運転席付近は計器やスイッチ類が多く、蚊にとっては隠れるのに最適の場所なのであろう。

そして、再び走行し始めると、また顔の付近に現れる。夏の夜、寝入り際に現れて耳元を飛行するあれと同じだ。

たいへんなことになる
バスの中で子猫が暴れるかもしれないし、お客の中に猫アレルギーの人がいる可能性だってある。なお盲導犬や介助犬を除いて、バスの中にペットを連れて行く場合は「手荷物品」という扱いになり、キャリーバッグやフタのできる入れ物に入れなくてはならない。ペットに窮屈な思いをさせるのはかわいそうだが、バスは公共の乗り物だからそこは涙を飲んでもらうしかない。また、路線バスとは違って、高速バスではほとんどの場合、ペットの持ち込みが不可

顔や腕に蚊がとまっても、走行中は払いのけたりつぶしたりできない。刺すだけ刺してどこかに飛んでいってしまう。

少ししてパチッという音が後方の客席から聞こえてくる。お願いします。どうか私の代わりに仕留めてください。

運転に集中するため、運転席に蚊取り線香でも置いておきたいところだが、バス車内は安全上、火気厳禁。虫よけスプレーを腕や首すじにかけるくらいしか対策はない。

そんな折、偶然100円ショップで「ブレスレット式虫よけガード」という商品を見つけた。商品説明には「ブレスレットのように腕につけるだけで虫が寄ってこない」と謳われている。さっそく2個購入し、左右それぞれに装着して、これで万全。……と思っていたら、その日のうちに左右各1カ所ずつ刺されてしまった。どうなってるんだ！

一度、モンシロチョウが車内に舞い込んできたことがある。天気のよい昼下がり、このお客さまにはほのぼのとして癒された*。

となっている。

蚊も乗車
たかが蚊と侮ってはいけない。一匹ならまだしも同時に複数匹が侵入してきたときなど気が気でなく、危うくバス停を通過しかけてしまいそうになったこともある。

ほのぼのとして癒された
5歳くらいの女の子の「あっ、蝶々だ」の一言をきっかけに、乗客すべての視線が優雅に舞う蝶々を追いかけるのが車内ミラーに映り、ほのぼのした気持ちになった。その後、蝶が外へ出て行くと、みんな何事もなかったように携帯を見たり、寝入ったりして、バスが各々の目的地に到着するのを待っていた。日々バスに乗務していると、こういう出来事がやけに記憶に残る。

某月某日　**残念な知らせ**：「あんたのことは信用していない」

私が神奈川営業所に赴任して8カ月が経ったころ、松田所長が本社に異動となるという話が伝わってきた。松田所長の人柄を信頼していた私にとって残念なことだったが、それ以上に気分を暗くしたのが、後任があの佐山所長だという噂だった。

所長の人事異動については噂レベルの話があれこれと営業所内で交わされる。所長が誰になるかは、営業所に大きな影響を与えるからだ。噂は正しいこともあれば、間違っていることもある。私は佐山新所長就任の話が間違いであってほしいと願っていた。

気になる噂を耳にした3週間後、正式に人事異動が発表された。

《神奈川営業所　佐山孝則所長》

佐山所長の名前を見て、一瞬、目の前が暗くなった。

佐山所長が異動してきて*から最初の3日間、彼は朝、事務所の正面玄関に立ち、出勤してくる運転士たちに「おはよう」と声をかけていた。

その後、各班の班会議で佐山所長は「運転士あっての営業所ですから」とあいさつした。長演説をした横浜営業所のときとは態度が変わっていた。佐山所長は前の営業所内で運転士たちからの評判がよくないことを自覚していたのだろう。そんな姿を目にして、私は佐山所長と新しい関係が築けるかもしれないと期待した。

初めから悪い印象で接してしまえば、どんな人だっていい気持ちはしない。私はこの営業所で新しく生まれ変わった。今のところ、乗務で大きなミスもなく、営業所内の人間関係も上々だ。

佐山所長に抱いていたイメージを捨て去り、コミュニケーションをとるのだ。そうすれば、向こうの印象だって変わるはずだ。

班会議が終わり、廊下で佐山所長と顔を合わせた。

「お久しぶりです。またご一緒できて嬉しいです。どうぞよろしくお願いしま

佐山所長が異動してきて　東神バスの所長は、東神グループ内の別会社からの異動コースと、東神バス一筋の叩き上げコースの2種類だった。松田所長が前者で、佐山所長が後者である。佐山所長はドライバーからの叩き上げだということに自負があり、ほかの職種からの所長を「ドライバーの気持ちがわからずに所長は務まらない」と軽んじていた。

す！」

できるだけ明るく、元気に声をかけた。新しい自分を見せたいと思った。

佐山所長は表情を変えずに言った。

「あんたのことは信用していない。一度失った信用を取り戻すのはたいへんなことだよ。どこに行っても同じ。そのことをよく肝に銘じておくようにね」

私は何も言えず、目が泳ぐばかりだった。

佐山所長は就任してすぐ営業所内での〝改革〟に着手した。

まず、運行ミスや事故を月ごとにグラフ化*して、営業所内に掲示した。どの班がどれだけミスをしたかが一目瞭然になった。佐山所長はその数字をもとに班長を厳しく注意していった。激しい叱責は横浜営業所のときと変わらなかった。

さらに、ドライブレコーダーで撮影された事故映像を、事務所の入口にある大画面テレビに流す*ようにした。事故映像だけをまとめた10分ほどの動画が延々と繰り返し流された。事故を起こした運転士の顔にはモザイクが入っていたが、営業所内だから誰の事故なのかはみんなすぐにわかった。

グラフ化
営業会社のセールスマンたちに発破をかけるかのような棒グラフが掲示された。ミスや事故をグラフで可視化しても、運転士を萎縮させてしまうだけなのではないかと思うのだが…。

大画面テレビに流す
毎日、朝7時から夕方6

一時は、関係性を改善したいと決意した私だったが、必要なとき以外は彼に会うことを避けるようになった。なるべく目立たず、距離を置いてすごすようになっていった。

時までずっと流されている。これが原因で退職した運転士もいた。

某月某日 **退職**：一過性脳虚血発作という診断

２０２１年10月下旬、いつものように乗務していた。バス停に停まり、降車するお客から、

「青葉台前から乗ったのですが、いくらですか？」と問われた。

「１８０円です。現金の場合は、こちらにお願いします」と言うと、お客は運賃機に５００円玉を投じた。

本来であれば、私は手元で、お客が乗った「青葉台前」を示す「区間２」のボタンを押さなければならない。運転士の手元にはお客の乗車区間を区別する「区間１」「区間２」「区間３」というボタンがあり、これを押すことで機械がお客の

料金を自動計算する仕組みになっている。

しかし、私はこのとき、そのボタン操作を忘れていた。ボタン操作がないため、機械はお客が始発駅から乗車してきたものと認識し、料金２２０円を受領し、釣り銭２８０円を吐き出した。お客はそれを取ってバスを降りていった。つまり、私のボタンの押し忘れで、本来の運賃より40円多く受け取ってしまったことになる。

お客はバスを降車後にお釣りが少ないことに気づいたのであろう。数分後に営業所に連絡を入れ、過収受*が発覚した。

計算ミスや操作ミスによって、受け取る金額が多かったり少なかったりすることはまれに起こる。こちらが受け取る金額が少ない場合にはあまり問題にはならない。逆に、こちらが過剰に受け取ってしまった際には返金措置も含めての対応が必要になる。もちろんあってはならないことだが、過収受とはいえ、この程度であれば、大事にはならない。私のドライバー人生でもこれまで何度か経験していた。

しかし、過収受の状況をドライブレコーダー*の映像でチェックした沼田助役は

過収受
乗客から運賃を必要以上に受け取ってしまうこと。乗客にその場でバス運賃の過収受を指摘されたときは、現金での返金ではなく（運転士は基本的に現金を持ち合わせていないため）、運賃に相当する額の「誤払い精算券」を渡すことで対応する。「誤払い精算券」は端的に言うと金券の一種で、次回バスを利用する

あることに気づいていたのだ。

私が乗務を終えて営業所に戻ると、沼田助役が待ち構えていた。

「須畑さん、ちょっと気になることがあるのだけど……」

沼田助役の口ぶりに嫌な予感がする。沼田助役に招かれるまま、事務室に入ると、パソコンの画面に映像が表示されていた。

「これを見てください。須畑さんのしゃべり方、なんか変じゃない？」

一緒に映像を見ながら、私も違和感に気づいていた。

「現金の場合は、こちらにお願いします」と言っているはずが、

「ぐえんきんのびゃあいは、くちらにおねかいしあす」と呂律（ろれつ）が回っていない。

私は50歳をすぎたころから血圧が高くなり、薬を服用するようになった。そのことは会社にも報告しており、薬の服用により、定期的な健康診断でも、血圧は正常範囲内に収まっていた。

だが、少し前、一時的に呂律が回らなくなり、文字がうまく書けなくなる症状が出たことがあった。そのときはおかしいなと思ったが、すぐ治まって元に戻った。気にはなったが、生活に支障はなかったのでそのまま様子をみていた。その

際の乗車チケットとして利用できるほか、営業所に行けば現金に換金することもできる。過収受だけではなく、運賃の支払いを済ませた出発前のバスから急きょ降りなくてはならないときなども、「誤払い精算券」で運賃を払い戻すことになっている。

ドライブレコーダー
東神バスのバスには車内全体、運転席（運賃機）、前方、後方、側方を撮影するドライブレコーダーが設置されている。画像もかなり鮮明で、乗客とのやりとりの音声もクリアに収録されている。

症状がこのときにも出ていたのだ。

　自分自身では、少し呂律がおかしいなというくらいにしか感じていなかったが、画像で客観視してみると、明らかにおかしい。

「以前からこの症状が出ていたの？」助役が尋ねる。

「1週間ほど前にも一度ありました。ただ、勤務中に発症したのはこれが初めてです」

「う～ん」とうなりながら腕組みして沼田助役は考え込んだ。

「かかりつけの病院に行って相談してみます」私はそう言ってその場を離れた。

　翌日、病院で検査をした結果、医師から「一過性脳虚血発作」という診断を下された。医師によると、一時的に脳への血流が低下することで脳梗塞のような症状が出る病気だという。

「呂律が回らなくなったり、指先がかじかんだようになることもあります。とりあえず薬を飲みながら経過を観察しましょう」医師は冷静にそう告げた。

　このとき、私は医師に、自分がバスドライバーであることを告げ、バスドライバーを続けられるのかどうかを確認しようかと考えた。しかし、できなかった。

医師から「できません」と告げられることが怖かったのだ。それはバスドライバーにとっての死刑宣告に当たる。私はどうしてもまだバスドライバーという仕事にしがみつきたかったのだ。

次の日、沼田助役に医師の診断を報告した。沼田助役は深刻そうな顔で黙り込んだ。

このとき、私はもうこれ以上、仕事を続けることは無理だと悟った。やはり、もうダメなのだ。運転ができても、アナウンスで呂律が回っていなければ、接遇に支障をきたし、お客に不安を与える。また、万一意識が遠ざかることにでもなれば取り返しがつかない。*

「これ以上、仕事を続けるのは厳しいので、退職をさせてください」

とっさにその言葉が出てきた。頭の中に、妻と娘の顔が浮かんできて、胸が詰まった。

「今の言葉、そのまま佐山所長に伝えてもいいですか？」

沼田助役が言った。助役は、運転士の意思を受けて辞めさせる権限を持ってい

取り返しがつかない
それまでも関越自動車道高速バス居眠り運転事故（２０１２年）や、軽井沢スキーバス転落事故（２０１６年）など、バスが起こした重大事故のニュースに触れるたび、自分はあんな事故は絶対に起こさないと思うのと同時に、万一のことを考えて怖くなっていた。乗客の安全が第一だが、もしものことがあれば、会社や家族にも取り返しのつかない迷惑をかけることになる。

ない。判断をするのは所長である。その日は日曜日だったため、佐山所長は休みだった。

沼田助役は緊急事と判断し、すぐに佐山所長に電話*をかけてやりとりしていた。

「とりあえず、今日はもう帰って構いませんよ。それと明日の須畑さんの乗務はキャンセルということで、別の人に替わってもらいます」

沼田助役に声をかけられて、ほっとしたような、後ろ髪を引かれるような、複雑な気持ちのまま帰途についた。私は翌朝9時に営業所に出勤するようにとだけ指示された。

次の日の朝、9時に出勤すると、事務所の個室に案内された。20分ほどして、朝の打ち合わせが終わった佐山所長が入ってきた。

彼は何も言わずに、私の顔をじっと見た。私の言葉を待っていた。

「仕事を続けたいのですが、健康上の理由で退職させていただきたいと思います」

私がそう言うと、深くうなずいた。

すぐに佐山所長に電話
沼田助役は喜怒哀楽の感情を表に出さない人で、対面で話していても何を考えているのかがわからなかった。「所長に確認します」が口癖で、あらゆることについて自分で判断するのを避けた。すぐに所長に電話したのは彼らしい判断だった。

以前はこういった場合、東神グループ傘下の別会社への転籍という道もあった。しかし、景気の後退と転籍した先輩らの転籍先での評判*があまりよくなかったことなどもあり、この制度は数年前に廃止されていた。

営業所の事務員という選択肢もあったが、私はアナログ人間でパソコンが苦手、59歳という年齢の私が新しいデスク仕事をイチから覚えるのは厳しい。私には退職という道しか残されていないのだ。

あらかじめ用意されてあった退職願いの書類が差し出される。

「ここに日付を書いて、サインして、ハンコを押して」

佐山所長は事務的にそう言った。

「有給が残っているので、それを使わせてください」と申し出た。

佐山所長は少しだけ笑い、「よくそういうことが言えるよなあ」と言いながら、面倒くさそうに書類を用意し始めた。

その後、佐山所長は退席し、入れ替わりに入ってきた総務の担当者が退職の手続きについて淡々と説明してくれた。

ああ、これで本当に私のバスドライバー人生は終わるのだ。一生まっとうしよ

転籍先での評判
実際に系列スーパーに転籍した同僚は、総菜売り場に配属され、揚げ物がうまく揚げられずに、パートのおばさんに怒られてばかりだと嘆いていた。そのほか、接客態度が横柄であるとか、掃除が雑であるといった、転籍した元運転士たちの悪評を聞いた。

うと誓ったバスドライバーの職を、こんな不本意なかたちで終えなければならないのか。

総務の担当者の説明が終わると、私にはもう居場所がなかった。

事務所内にいた数名にだけ「お世話になりました」とあいさつし、私は営業所をあとにした。*親しかった同僚にもまともにあいさつすることができなかった。

こうして、私のバスドライバー人生はあっけなく幕を閉じた。

某月某日 59歳、ハローワーク：私に何ができるだろうか？

バスドライバーを辞めてすぐ私は地元のハローワーク*（公共職業安定所）に通い、職探しを始めた。

59歳。それまで子どもの教育費や家のローンを払っていたので、貯蓄はほとんどない。私はすぐに再就職を果たし、妻と次女を扶養しなければならない。

私は、ハローワークにある情報端末（パソコン）を操作して、正社員として

営業所をあとにした
同僚たちに別れのあいさつをするのがつらかった。こんなかたちで、大好きなバス運転士の仕事から退かざるをえない。営業所の同僚一人ひとりにあいさつをしていたら、どこかで心が決壊していたかもしれない。

ハローワーク
ハローワークに行くのは人生で初めてだった。そこには、少しでも条件のいい職場を探そうと血眼になっているように見える人や、疲れ切って悲壮感を漂わせているように

雇ってくれる職場を探した。この端末は混雑時、利用制限時間が設けられており、30分が経過すると、画面にその旨が提示される。しかし、多くの人は制限時間を無視している。1日でも早い再就職を果たすためには、ルールを度外視してでもライバルたちを蹴落としたいのだろう。

　私がまず検索したのは「バスドライバー」だった。端末に表示された求人情報を未練がましく目で追う。健康面に不安を感じて東神バスを退職した私が再びバスドライバーになることはできない。そんな当たり前のことを理解しつつ、それでもあれこれとバスドライバーの求人*を探している自分に可笑しくなる。あと10歳若ければ正社員として雇ってくれる会社もあったが、今の年齢では送迎バスの運転士のアルバイトだけだ。

　求人情報を探し、雇ってくれるバス会社が現実的にないことを知ることで、バスドライバーの道が途絶えたことを自分自身に納得させていたのかもしれない。

　では、今の私にできることはなんだろうか？

　思い浮かんだのは塾の講師である。もともと高校の教師をしていたのだし、塾の講師なら健康面でも不安が少ない。

見える人がいた。いや、そう見えるのは私がそう思っているからかもしれない。でも誰もが鼠色っぽい服を着ているようにも見えるのだった。

バスドライバーの求人　企業送迎や幼稚園バスの運転士の求人が掲載されていた。朝・夕の短時間の仕事で、月収5～13万円程度のものが多く、私のように家族を抱える者には就業が難しいものだった。また、貸切バスの運転士の求人もあったが、こちらは季節や景気によって仕事量の差が激しく、月収が不安定なことがネックになった。

そこで学習塾の求人を探してみる。しかし正社員の求人はほとんどなく、あったとしても60歳が定年だ。正社員でいられるのはわずか1年。それでは私も困るし、会社側も雇わないだろう。仕事を選べる立場ではないことは重々承知しているが、「正社員」かつ「長く続けられる」ことを条件にすると、悲しくなるほど、私ができる仕事は見つからない。

ハローワークで求人端末とにらめっこする日々が続いた。

求人情報には、マンション管理員*や介護職員、タクシードライバー*、コールセンターのオペレーターなど、多種多様の職業が掲載されていた。私の年齢や経歴でも応募できるものがあったが、資格を持たない門外漢がすぐに正社員として入社できる職業など見当たらない。

求人情報を追う中で目についたのが「施設警備員」である。施設警備員の募集はたくさんあった。その中に59歳の私でも契約社員として入社でき、65歳以降になっても希望すればアルバイトとして再雇用してもらえるという求人を見つけた。

採用枠は1名。ほかの人に決まってしまわないよう、私はハローワークのス

マンション管理員
定年後の就職先の定番というイメージが強いマンション管理員。人手不足という話も聞くが、2022年時点での有効求人倍率が0・63なので、わりと狭き門だ。

タクシードライバー
この選択肢は、じつはバス運転士を辞したときにも、転職先の第一候補として脳裏に浮かんでいた。

タッフに紹介状を書いてもらい、面接を受けることになった。

じつは私がこの求人に飛びついたのには、もう一つ理由があった。施設警備の現場が、自宅からやや離れた場所にある大型ショッピングセンターだったことだ。

子どもが小さいころには家族で足を運んだこともある場所だったものの、最近は、家の近所に新しい大型ショッピングセンターができたため、このショッピングセンターからは足が遠のいていた。

つまり、近所の人たちも新しいショッピングセンターに通うようになったわけで、ここなら必然的に知り合いに会う可能性は低くなる。

というのは、私は施設警備員になるにあたり、「知り合いには知られたくない」*という気持ちがあったのだ。

この気持ちの機微（きび）について、正確に記述するのは難しい。施設警備員という仕事が「恥ずかしい」というのとは若干違う。一方で、知り合いには知られたくないのだから、「誇るべき仕事」と思っているわけでもない。

単純に私は「須畑さんって、今あのショッピングセンターで警備員をやっているんだ。先生からバスの運転士になって、結局……」などと思われたり、噂話を

同じくバス運転士を辞めて、タクシードライバーに転職した元同僚の神谷に相談してみようかと思ったほどだが、自分の健康面の不安を冷静に考えると、やはりクルマの運転を仕事にするのは断念せざるをえなかった。

知り合いには知られたくない
とはいえ、第3章で書いた、吉本君との再会エピソードのように、いつか施設警備員としての私が知り合いと遭遇することもあるだろう。そのとき、胸を張って彼らと旧交を温めることができるように、日々やりがいを持って今の仕事に取り組みたいと思う。

されたりするのが嫌なのだ。人によっては、私の現状を「落ちぶれた」と思うかもしれない。実際に、藁にもすがる思いで警備員になるのだから、それは間違いではないだろう。

でも、そのように人に思われるのは心外だ。うるさい。余計なお世話だ。だから私は、知り合いに知られることのない現場を望むのである。

面接*では、警備員の隊長が面接官だった。隊長の黒岩さんはとても腰が低い男性で、私に対しても礼儀正しく、丁寧な言葉遣いをしてくれたことに好感を持った。

もともとバスドライバーの中にも、後藤田さんをはじめ警備員出身の人が何人かおり、どういうわけか、みんな総じて感じがよく、私と馬が合った。

「はじめのうちは覚えるのがたいへんですが、慣れてしまえば大丈夫です。責任を持ってきちんと教えますから」と黒岩隊長が言った。その言葉を受け、私はこの人のもとで頑張ろうと思った。私はその場で、入社したい意思を伝えた。

面接
面接では、施設警備員の仕事内容について説明を受けた。大型ショッピングセンターということもあり、警備業務以外にもさまざまな雑務があった。イベント関連のステージやホールなどの会場の設営や片づけ、防災機器の点検、空調設備や配電盤の管理などなど。どんな仕事も実際にやろうとすれば、複雑で覚えるべきことも多いものなのである。

面接を受けたのは月曜日。採用の場合のみ、土曜日までに電話連絡をくれるということになっていた。面接の感触からいって、まず間違いなく採用されるだろう。そんなふうに思っていた。

しかし、火曜になっても、水曜になっても電話はかかってこなかった。警備会社の本部との手続きなどで時間がかかるのだろうと思った。

木曜日になってもかかってこない。このころになると、もしかしたら履歴書に記載していた電話番号が間違っていたのでは？などと不安になった。

金曜日になった。やはり連絡はこない。もうダメかもしれない。面接のときは採用決定の雰囲気だったのに……あれは不採用の人間を落胆させないための演技なのだろうか。そんなことを考えて、人間不信に陥りそうになる。

土曜日の午前になっても連絡はこなかった。バスドライバーを退職した私は社会のどこにも必要とされていないし、働ける場所などどこにもないのかもしれない。そんな思いに囚われ、悲しくなってくる。

またハローワーク通いだ。覚悟を決め、このところ次女を介してのやりとりがほとんどになってしまった妻にも、「ダメだったみたいだ」と伝えた。妻は、

「そうね。次の仕事を探したほうがいいかもね。でも相手方は土曜日までに連絡すると言っているのだから、まだ望みはあるんじゃないの」

と言った。突き放されると思っていたのが、思わぬ励ましの言葉をもらい、少し妻との距離が近くなった気がした。

ダメならダメで仕方ない。またイチからやるだけだ。

すると午後5時すぎ、携帯電話が鳴った。

慌てて出ると、それは警備会社からの連絡だった。電話を終え、

「やったぁ！　就職先が決まったぞ！」

私は思わずガッツポーズをして喜んだ。こんなに喜んだのはいつ以来だろう。もしかしたら、バスドライバーの採用通知*をもらったとき以来じゃないだろうか。心からなりたいと望んだあのときと今回は事情が違っているが、それでも嬉しさは同じだった。

その日、妻は赤飯を炊いてくれた。照れくさかったが、嬉しかった。娘も久しぶりにリビングに来て、3人で夕食をとった。

「パパ、おめでとう。私も頑張るね」

バスドライバーの採用通知　東神バスの採用一次試験は筆記と実技、二次試験は面接だった。一次試験の会場には30名ほどが集まっており、試験官は「今日はみなさんのほかにあと30名が採用試験を受けます」と言った。

次女が申し訳なさそうに言う。彼女の人生はまだまだ長い。今はゆっくり休み、元気を取り戻してほしいと思う。

「パパは生涯現役だよ。まかせなさい」

まだまだ大黒柱が折れるわけにはいかない。私は施設警備員として、「第3の人生」を歩み始めることになった。

リーマンショックのあとで応募数が多かったのかもしれない。二次試験の数日後に郵送で合格の知らせが届いた。今となってはすべてがなつかしい。

あとがき——偉くもなく、華々しくもない人生

バスドライバーと施設警備員は、両者とも「制服」を着用する仕事でありながら、似て非なるものである。

私の勤めるショッピングセンターは巨大*だ。東京ドーム4個分の敷地に1600台収容の大駐車場を完備し、平日で約5000台、土日祝日ともなると約7000台ものクルマが入出庫する。

警備員の仕事といえば、エントランスに立っている姿や、館内を歩き回る姿を思い浮かべる人が多いだろう。立っているだけ、歩いているだけの、気楽な仕事に見えるかもしれない。しかし、それは間違いである。本書に書いたとおり、バスドライバーがバスを運転するだけの気楽な仕事ではないのと同様、施設警備員は歩いているだけの商売ではない。

各施設の鍵の開錠・施錠、水道や電気使用量の検針、出入り業者の受付、敷地

ショッピングセンターは巨大
そんな大型施設にもかかわらず、警備員は最低限の人員しかいない。朝7時から15時までの早番が1名、13時から21時までの中番が1名、16時から24時までの遅番が1名。つまり、時間帯によっては、警備員が1名きりなのである。

内の接触事故や救急搬送の対応、迷子の捜索などなど、仕事は多岐にわたる。

とくに客足が増える土日祝日にはトラブルが頻発する。

数日前、子どもが激しくジャンプして、安全装置が働き、エスカレーターが非常停止した。防災センターに警報が鳴り響き、昼飯中だった私は急いで現場に駆けつける。毎日決められたルートを走り、営業所まで戻っていたバスドライバー時代がなつかしい。

今、私の日給は9000円、契約社員のため、ボーナスも出ず、退職金もない。1カ月23日勤務で、交通費（私の場合、自宅から11キロのバイク通勤で4500円）を含めても月給は手取り20万円に満たない。年収はバスドライバー時代の半分ほどになった。それでも今の私*は、こうして働けることに感謝している。

バスドライバーと施設警備員に共通するのは、接客業でお客と接する機会が多いことだ。

バスドライバーのころ、バス停に向かって走ってくる高校生の姿が見え、出発を遅らせて待ったことがあった。それから数カ月がすぎたころ、

「受験の日に遅れそうになったとき、待ってくださり、ありがとうございました。

今の私
数カ月前、次女が事務関係の仕事に正社員として就職した。以前の仕事とは打って変わって、職場の水に合ったようでいきいきと働いている。私の「一過性脳虚血発作」もその後、数回軽い症状が出ただけで小康状態を

運転士さんのおかげで試験に間に合い、無事合格できました」

大学生になったという彼が降車時に御礼を言ってくれた。車内に掲示された名刺を見て、あのときの運転士と気づいたのだろう。

ふだんの仕事の中でのちょっとした判断が、彼の人生において大きな意義があったと思うと、バスドライバーの仕事に誇りを抱くことができた。

施設警備員をしている今もその気持ちは変わらない。迷子の子どもを親御さんのもとに無事返したとき、おばあさんが持つ大きな荷物を代わりに持ってあげたとき、自動ドアの修理に駆けつけたとき……。誰かの役に立っていることを実感すると、この仕事に就けてよかったと心から思う。

どんな人生でも、どんな仕事でも、社会に役立っていると感じられるのは幸せなことだ。偉くもなく、華々しくもない人生の中にあるそんな瞬間を私は慈しんでいる。

２０２３年５月

須畑 寅夫

保っている。定期的な検査でも大きな問題はなく、元気に働くことができる。今の仕事は定年が70歳だという。やれるところまでやりきるつもりだ。

須畑寅夫◉すばた・とらお
1962年、神奈川県生まれ。大学卒業後、中学教師、塾講師、高校教師を経て、47歳のとき、心配する妻を説得してバスドライバーに。以来、59歳で「ある出来事」により退職するまで私鉄系バス会社にて路線バス運転士を務める。12年にわたり運転席から眺めてきた人間模様をつづったのが本作である。現在はまったく新しい職場で日々奮闘中。

バスドライバーのろのろ日記

二〇二三年　六月　一日　初版発行
二〇二三年　六月一八日　三刷発行

著　者　須畑寅夫
発行者　中野長武
発行所　株式会社三五館シンシャ
〒101-0052
東京都千代田区神田小川町2-8　進盛ビル5F
電話　03-6674-8710
http://www.sangokan.com/
発　売　フォレスト出版株式会社
〒162-0824
東京都新宿区揚場町2-18　白宝ビル7F
電話　03-5229-5750
https://www.forestpub.co.jp/
印刷・製本　中央精版印刷株式会社

ISBN978-4-86680-930-4